▲ 2011 年开始了北到丹东、南到西沙的环中国海航行。这是我人生的第一条梦想号，第一次单人远航。现在想想，如果没有当初视死如归的远行，也就不会有后来的这些故事了。

▶ 2015年在法国开始职业航海训练。单人极限远航是航海里的特殊领域，要想一个人驾驶一条高速赛船去跨越大洋不是简单的事。在法国训练的一年时间里，要面对各种各样的问题。没有任何人能告诉我该如何用一只手去驾驶这条船，只能自己一点一点摸索。记得训练的第一天北大西洋的鬼天气就给了我一个下马威，险些让船失控撞向礁石。

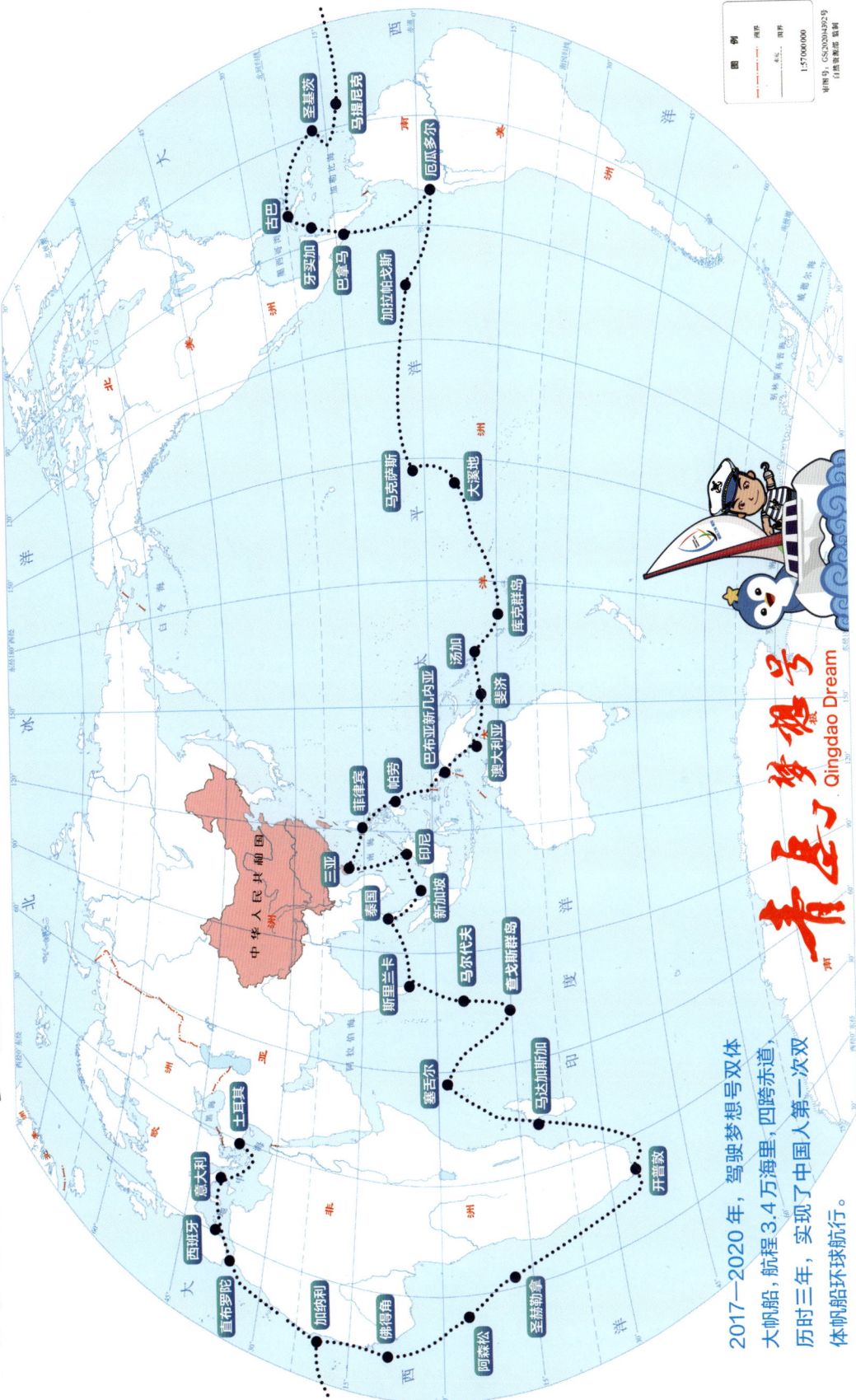

世界地图

中国帆船环球航线图

圣基茨
马提尼克
厄瓜多尔
古巴
牙买加
巴拿马
加拉帕戈斯
马克萨斯
大溪地
库克群岛
汤加
斐济
巴布亚新几内亚
澳大利亚
菲律宾
帕劳
印尼
新加坡
三亚
泰国
斯里兰卡
马尔代夫
查戈斯群岛
塞舌尔
马达加斯加
土耳其
意大利
西班牙
直布罗陀
加纳利
佛得角
阿森松
圣赫勒拿
开普敦

中华人民共和国

青岛梦想号 Qingdao Dream

2017—2020年，驾驶梦想号双体
大帆船，航程3.4万海里，四跨赤道，
历时三年，实现了中国人第一次双
体帆船环球航行。

审图号：GS(2020)4392号
1:57000000
自然资源部 监制

▲ 2017—2020 年驾驶这条 44 英尺的双体大帆船完成了我人生的第一次环球航行。第一次出发的兴奋，过程的艰辛，还有最后抵达终点时的平静，只有自己经历过才能体会到。想想人生很奇妙，世界那么大，一直坚持前行，竟然围绕地球绕一圈也能成真。真是应了中国的那句老话——千里之行，始于足下。

为了能符合单人职业航海赛的各种资质，远赴法国学习深造。这是在法国的专业培训机构学习国际无线电课程。

529 停在法国洛里昂基地。那一天是我得到这条船的第一天，为了节省预算，从那天起我就搬到这条船上，住在狭小的船舱里。白天出海训练前要把所有生活用品搬上码头，就成了赛船。傍晚回来再搬回去，就成了家。寒风凛冽的洛里昂，这里成了我最温暖的家。

自然法则不会为任何一个人开绿灯，也不会去欺负任何一个人。它无意伤害你，一切的自然现象都是为了整个世界的运行，这点明显区别于人为法则。航海对于我的意义在于，在海上不再让人那么愤世嫉俗。生活在身上难免留下一些伤痕，在海上是被治愈的过程，回到岸上剩下的只有感恩和平静。

2015 年 9 月 19 日，单人横跨大西洋极限帆船赛法国起航，梦想号第一个冲出起航线。▶

2015 年 11 月 19 日半夜，我和梦想号冲过了位于加勒比海瓜德罗普岛的终点线，顺利完成为期一个月的极限跨洋赛，并成为历史上第一个独臂完成这个赛事的选手，得到了一瓶刻着我名字的朗姆酒。那一刻我亲吻着左臂说：I did it。◀

2015 年 9 月 19 日，MINI TRANSAT 单人横跨大西洋极限挑战赛的决赛起航了。经过许多年的训练筹备，克服了各种困难，终于如愿站到了这个职业水手的荣誉殿堂，实现了一个新的梦想。▶

▲ 2015 年 12 月 5 日巴黎船展的年度颁奖会上，我拿到了那块属于我的奖牌。一年前来到这里一切未知，如今变成现实。只要勇敢坚持，梦想一定成真。

第一条梦想号在码头训练归来。那时候日子过得很艰难，一袋朋友送的爆米花，成了我的晚餐。但我心里有一个目标和梦想，一切的困苦都无法阻断内心的充实和快乐。现在想想，那时候是我人生最艰苦的一段日子，也是最快乐的日子。

▼

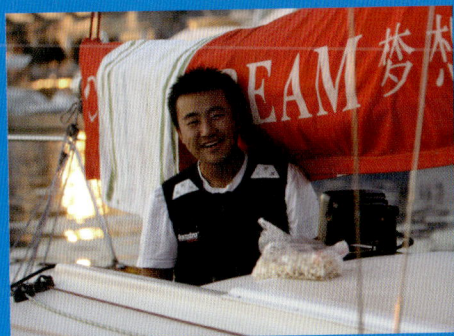

▲ 用了 9 个月的时间，一点一点修复改装第一条梦想号。那个时候是我人生最孤独的一段时间，即使是今天再看到那时的照片，心里还是会皱成一团。有时候孤独是摧毁人意志的有力武器，还好心中的信念不曾改变，才度过了那段时光。

▲ 横跨大西洋，一个人在海上要航行一个月。突如其来的风暴和暴风雨后的彩虹，就像是地狱和天堂共存。除了面对自然因素，如何战胜自己的心理和生理极限，就成了最主要的问题。

▲ 2019 年在环球的途中经过印度洋。茫茫的大洋里有时候一两个月见不到陆地，当我在大洋里看到满天的繁星，上万米的海水所散发出来的湛蓝，一眼望不到头的海豚群绽放出的生命力，那很可能就是这个世界被创造出的第一天的样子。而我们竟然有幸能看到，这也算是一种奖励吧。

▲ 船长驾驶青岛梦想号挑战双体帆船环球航行纪录的时候，航行到了遥远的印度洋。恰逢中国国庆节，离家越远，对家乡和祖国的思念也越强烈。相隔万里向祖国致敬！船长经常说如果他的手没出事，他会是一名军人。

卑微的梦想家
从独臂少年到环球船长

肖姝瑶 著

电子工业出版社
Publishing House of Electronics Industry
北京 · BEIJING

内容简介

本书是人类历史上第一次完成MINI TRANSAT单人跨大西洋极限挑战赛的独臂船长徐京坤的传记故事。从没有左手，被预言"这孩子废了"的山里少年，到屡创世界纪录，用生命搏击风浪，一个人，一只手，一条小船，跨越汪洋寻找生命的意义，书写了世界航海传奇。本书重点讲述了徐京坤的三个壮举：2012年，独立改造7米的近岸巡航帆船，从丹东到西沙群岛，实现了世界上最完整的环中国海航行。2015年，前往法国深造，驾驶6.5米小船，单人不间断、无通信、无导航，实现了历史上首次单人独臂跨大西洋的创纪录挑战。2017—2020年，历时三年，三万四千海里，完成中国人首次双体帆船环球航行。

本书不仅适合对帆船和远洋感兴趣的广大读者，更是克服困难超越自己的奋斗者应该仔细品读的案头书。

图书在版编目（CIP）数据

卑微的梦想家：从独臂少年到环球船长 / 肖姝瑶著 . —北京：电子工业出版社，2021.6

ISBN 978-7-121-41031-4

Ⅰ.①卑… Ⅱ.①肖… Ⅲ.①徐京坤—传记 Ⅳ.① K828.6

中国版本图书馆 CIP 数据核字（2021）第 071455 号

审图号：GS（2021）248 号

责任编辑：吴　源
印　　刷：三河市君旺印务有限公司
装　　订：三河市君旺印务有限公司
出版发行：电子工业出版社
　　　　　北京市海淀区万寿路 173 信箱　　邮编：100036
开　　本：720×1000　1/16　印张：9.25　字数：171 千字　彩插：4
版　　次：2021 年 6 月第 1 版
印　　次：2025 年 3 月第 2 次印刷
定　　价：48.00 元

他和他们的世界

徐京坤，这个名字之于我本不陌生。三年多前，他跻身于体坛风云人物年度大奖残疾人运动精神奖提名奖五人名单之列。为中国体育年度荣耀郑重搭建的中央舞台，那年年初在五棵松体育馆里昂然立起，一切似乎都是按部就班，但最终所有努力均未能奏效。巨大空间里极具塑造感的灯光未曾再亮起，舞台上塔型钢架结构铺陈着没有丝毫情绪的环境照明光，清冷苍白。趁着夜色，这舞台很快就被拆分成部件，撤场装车，一路向南，据说在河南某地的某座库房里找到栖身之所。原本以为一年的休眠之后，待又一个年初，可以将其唤醒。

那一年初，如无变故，徐京坤该是坐在颁奖典礼现场的，难得穿上一次精致的礼服。站在舞台上，我应该能看到他的，甚至会在开场篇中提到他的名字，说说他的不易与不凡。颁奖典礼后，我们会在舞台上来个合影，彼此探寻一下作为老乡的亲近程度到底几何。我有沂蒙山的血脉，有青岛的亲缘，不坐下来喝上一杯都不够意思了。但这一切终究没有发生，徐京坤依旧陌生。

一晃来到2021年初，《卑微的梦想家》的书稿飞进了手机里。起初旧友兼老同事刘玲玲仅是让我写个推荐语，义不容辞，甚至不去触碰那份书稿，也能迅速写个百字感怀。两天后，我发出了所谓的推荐语。七分敬仰、两分祝福外加一分陌生感，印在书的封底上，其实留不下啥痕迹，权且算是一分人心，帮个人场罢了。

不几日，大年初一，刘玲玲远隔千山万水在微信里呼叫我，借着拜年，紧逼了一句——要不你给写个序吧。我有些犹豫，给一个之于我很陌生的运动楷模传记写序，实在是力不从心。真心怕写不好，内心之中冲动不足，体悟不够，结果就是个苍白。刘玲玲不肯作罢，随后我就有了徐京坤的联络方式。等到春节假期结束后，我在微信里遇到了那个"卑微的梦想家"。我本想约徐京坤见面聊聊，但他人在三亚，想语音通话，又被他婉拒了，宁愿敲字回答问题，也不愿语音，说是会紧张的。因此，陌生的状态保持至今。

迟迟不敢动笔，积累下来的便是愈加真切的焦虑，有个念想寄挂在心，沉甸甸的。读着书稿，看着各种公众号文章里的徐京坤，我脑海里闪回的却是郭川和翟墨，两个与我有过真切交织的航海家。在《卑微的梦想家》里，徐京坤自然提到这两位，这个自称为"粗人"的晚生后辈也一如两位前辈一样眼中有光，腰板挺直，说话不疾不徐，聊起自己的航海计划也会带着浅浅的笑意吗？他和他们，与我等实在不同，仿佛不在同一世界，偶尔上岸回到我们之间，终究还会不断进发。

2007年夏初，郭川坐在青岛号上等着我和同事，那是我第一次坐小艇出海，策划着用一场直播在北京奥运会倒计时一周年的时刻让更多人知晓奥帆赛的存在。在奥帆码头上，记忆中的郭川格外安静，浅浅一笑，相约有机会再出海。再后来，还是在奥帆码头上，一个阴沉的清早，在郭川心爱的帆船旁，我再一次采访了他，在一次归来与下一次出发之间，《风云会》希望他能讲出好听的故事。我们聊完之后，青岛这座城市才刚刚醒来，码头上晨练的人们自在地享受着眼前的大海。我匆忙赶回北京，一路上一直在回味采访中郭川的所有表达，但依然很难找到让自己完全满意的答案。为什么一定要航海？也许本不需要答案，我庸人自扰罢了。

2016年8月1日，里约的瓜拉巴纳湾，大洋的臂弯之中，郭川用他的帆船载我们出海。天气奇好，未曾有恼人的风浪，探入大海不久便折回，择海上路径重入里约，远山近海，情境独特。那时的郭川意气风发，准备踏遍万里波涛，改写纪录，执着甚至执拗。在船上我始终无法找到舒服的姿态，索性躺了下来，望着白花花的日头，那个念头又泛起了——为什么一定要航海？没有独自上路，没有孤独艰险，自然也就没有如此独特的人生情境，未有海上的切身经历，一切不过都是苍白的想象。有个答案好像也很现成，他和他们与我们如此不同，仿佛不在同一世界。此前，我曾经以此揣度攀登垂直艰险的登山者，"山在那里"的深层韵味其实始终一知半解。

后来，郭川人船分离，葬身万顷波涛。《我是船长》的节目第一时间在演播室中展开，我坐在主持台前，头脑之中纷乱异常。我知道我还是没有那个答案——为什么一定要航海？镜头对着我，一定要有表达，此时"自由"这个闪亮的词飞入脑海，船长爱自由，天经地义的答案。难道不是吗？我们不曾迷恋过推开家门探寻世界的自由，因此我们只能是这世间的另外一种人，船长们便是另外一种人。那绝境艰险，那倾家荡产，那极限付出，不都是自由的写照吗？

再后来，在体坛风云人物颁奖的年度策划会上，我很激进，建议就此设立"郭川精神奖"，日后褒奖以体育深入世界、探索未知、热爱自由、标注变化的人或团队。在颁奖典礼的舞台上，我们饱含感情向船长致敬，勇气与自由，是我那晚最想说的。当然，如果船长在通向自由的路上可以再从容些，让最后的出发可以少上几分挑战的意味，兴许我们还有机会相见，我等还能感知到他在风浪中安静的身影。

还是回到徐京坤。为《卑微的梦想家》作序，我有一个私念，就是想有机会继续丰富我一直想要的那个答案——为什么一定要航海？《卑微的梦想家》很好读，一天便可通读，每页上似乎都写满了我要的答案。九妹，徐京坤的亲人，同喜同悲，一道穿越生死。她的笔触被情感驱动着，叙事周全。每一次的出航与归家都有丰富的视觉想象空间，脑海中自然生成一部影像记录，尤其是几处关于历险的文字，让航海家的人生追记可以触痛和凛冽我们的肌肤，我很喜欢。九妹甚是了解读者心理，往往会在重要段落的开篇和结束，以情感的铺陈和极富哲理的思考，释放出英雄气息和航海家的光芒，很受用的。

读《卑微的梦想家》的同时，我也在读自然纪录片之父——大卫·爱登堡的自传。老爵爷看样子能有百岁之寿，从业已超过七十载，堪为业界奇迹。自传很厚，素朴不张扬，读来轻松，在森林、荒漠、大海之上，与动物相处的种种趣事常常令人会心一笑。从一位图书编辑到BBC电视节目早期编导，从演播室里闭门造车到上天入地的自然人生，大卫·爱登堡顺遂时代变迁，将自己对自然之爱释放到了极致，换来命运垂青，一生无憾。

两本书读罢，作为读者，我都有极强的满足感。年过知天命之年，格外喜读传记和游记，追着别人的脚步，安静地听一路之上的感悟，特别受用。随时便可以展开一段人生路程，也算得上是阅读中的一份自由。徐京坤和九妹给了我太多的答案，周到极了，无论是平白处，还是升华处，无不发自内心。有几处我做了笔记，最后分享一二。徐京坤有言——记得读路遥《平凡的世界》，得到一点感想。许多平凡人的奋斗其实并不是为了创建伟业，不过是为了保有继续平凡生活的权利，不要流落到更悲惨的生活里去挣扎。

平静地道出生活本来的面目，徐京坤自有他的自由，永不丧失选择的机会，便是一种卑微的自由。虽未曾谋面，但我已然内心亲近这位船长。我们活在不同的世界里，他提醒我，莫要将错就错，谦卑地生活，并保有自由。

中央电视台体育频道　张斌

陶子的序

2020年6月下旬的一个早晨，打开手机，惊喜地看见前一日凌晨阿九的留言，"亲爱的，有空给我的新书写个序吧？"

阿九是我的挚友，对她的爱，我在她第一本书《远方的无忧国》序言里已经表露无遗。那篇序后来我都不敢再看，我知道自己浓烈得像个仰着头的小粉丝。

这些年阿九越走越远。2020年6月，先生带着她驾驶着梦想号完成了为期三年的环球航行。海上大部分时间没有网络，我只能和其他读者一样，从公众号"独臂船长的环球小酒局"里获得本次航行的消息。

不知道公众号内容会不会有一天也整理出书，如果出书，要我写序，我就写一句话："环球航行哎，你们看！"就完了。而关于她的先生——地球上第一位实现帆船环球航行的独臂航海家——徐京坤之前的梦幻人生，我也一直在期待着新书中更多关于他的传奇故事。

时隔六年，写序这事儿依然让我受宠若惊。书稿读了几遍也没有下笔，以为想定了，忍不住又翻开稿子看。半个月后，阿九发来第二稿，对结构和语言精益求精，哪怕在海上，也从未停止过阅读与写作训练，阿九的文字越来越好。

我突然明白，我不可能是完美的解读者，阿九也从未这样期望。这篇序，与其说是她的需要，不如说是她温柔馈赠于我的小礼物，让我这个陆地上的病后闲人，过一过写字的瘾。

况且人生处境各有不同，读书亦是缘分。阿九只是把她先生的故事讲出来，那些同于彼此、越于心上的东西，便会浮现出来。每个人自会从这本梦想之书，对自己的点亮。有幸先睹为快的我，只是小步快跑先行一步，轻轻地举起照亮我的那束光吧。

七八年前的某个傍晚，我和出发去法国的阿九约好在豫园附近见面，雀跃相拥之后，看见她身后一个眼睛笑眯眯的黑黑的男生，阿九说，这是徐京坤。

我瞪着铜铃儿大的眼睛，下巴都要掉下来了。阿九每次见面都有壮举，一个人去了珠峰，开了新店，写了新书，这次竟然是结了婚！

我上下打量这位之前稍微听阿九讲起过的帆船教练徐先生，弯弯的眼睛笑起来像个打心眼儿里高兴的孩子。可是运动员先生大概是不读诗、不文艺、不深情的吧？和身为独立撰稿人、客栈老板、软装设计师，动不动就去流浪远行的阿九如何心意相通、琴瑟和鸣呢？

那次短暂的见面，聊了些什么我早已忘记，眼前只留下某个瞬间阿九和京坤看向彼此时舒服自在的笑。那是最好的恋人之间的笑，一百个疑问有一半在这笑容里得到了解答。这次拿到书稿，我知道这本书一定会解答我另外五十个疑问。

跟着阿九的文字，我们回到20年前那个残忍的冬天。12岁的京坤遭受断臂意外，巨大的命运之弓猝然降下，把这个男孩压倒在地。"这孩子废了"，噩梦般的断言四处响起，这个世界就这样轻率预言他的未来。

幸好我们后来知道，那个世界错了。阿九带我们走进少年京坤兜兜转转的命运轨迹，体校训练的艰苦，参加奥运赛事的荣耀，国家帆船队解散时的迷茫，燃起帆船航海梦的决绝，极尽苛刻的赛事准备，险象环生异常艰苦的积分赛，一场又一场生死难卜的涅槃航行。

我看见那个少年在一次次无路可走时拼命抓住偶然落下的救命稻草，感激命运在厄运的罅隙里透出一点希望。看着徐京坤无所畏惧地抓住每一道微弱的光，永远拼尽全力地激励自己，没有人能不为之动容。这是我们在生命里能看到的最崇高、最让人敬畏的东西。

在我们这个以黄土文明为上的国度，跨大洋、环球航行的目标甚至超出了一个常规"奋斗故事"的范畴。技术难度、参赛资格、船与设备、资金、理论考试、语言，每一项基础准备都是巨大且现实的问题。

真正的航行更是人类自身体能极限，与巨大的不确定的天气海况和国际赛事规则的博弈。不使用任何机械动力，不依靠通信设备、现代航海导航、气象科技装备，完全依靠最原始的天文观测导航技术，单人帆船航海的每次远航，堪称险象环生、惊心动魄。

这不是《老人与海》，不是《白鲸》，这是比小说更真实惊险的航海生活。书中既展示给我们巨大的危险，也让我们见识到只有航海人才了解的海之孤绝壮美与动人。

"在成山头水道逆风逆流航行时，一只蜜蜂陪他度过了整个跟海流对抗的时光。'我时不时摸摸它毛茸茸的身体，小家伙也不害怕，竟然没飞。告诉你们个秘密，我还给它唱歌了。我想我俩此时的感受或许有些相似吧，面对自然的时候，所有的生命都是平等的。'"

这惊涛骇浪无边孤寂的大海之上温柔动人的一幕，让我眼泪差点流出来。我仿佛看见幽深的无垠夜幕下，一艘小小的帆船在风浪稍歇的黑色海面轻轻摇晃，宇宙深处几点星光衬出这个刚刚经历了暴风骤浪的人疲惫的剪影。而他，正在无比温柔地轻轻哼起一首歌，唱给一只小蜜蜂听。

作为航海家的家人，阿九在书中隐匿了自己。"529用38小时在地图上画了个蚊子……几乎是每十几分钟就刷新一下网站的布告栏，既希望不要看到他的消息，又希望他能有个消息。""在过去26个小时里忽然就音讯全无了。一遍遍地听他之前的语音，每一个字都好像含了呼救的信号……"

只有这两处，她稍微释放了一角自己的恐惧与脆弱，那是怎样煎熬的忐忑等待，又是怎样的信任与爱。纵然几乎倾尽所有，放弃安稳，藏匿担忧，陪他劈风斩浪，但文字里看不到半点牺牲与隐忧的怨。我想，因这早已是他们共同的梦想吧。

京坤和阿九，他们是一样的人，都是为了梦想通天接地，用所有的能量制造现实扭曲力场的人。他们早就知道这其中的苦与重量，是修行，是对所爱之物之昂贵索取的应允。

我想邀我的同龄人、所有的年轻人都来读这本书，我想让大家了解航海家徐京坤的故事。它可能让你震撼，让你感动，甚至让你困惑。《卑微的梦想家》超出了我们这个时代的故事经验。

不知从何时起，我们习惯仰视的多是创业—高估值—融资—上市主角，津津乐道的多是流量大V、娱乐花边八卦，好像选秀舞台炽烈的镁光灯下说出的那个梦想就是这个时代的全部梦想，诗和远方作为财富自由后的点缀出现，环游世界是这个时代的叶公好龙。

也许你从不知道这个卑微的梦想家的故事，我想请你看看这本书。不管你我处于什么样的处境，沉溺于何种价值信仰（抑或无所信仰），我想让大家看看徐京坤的故事，一个敢于、勇于把自己的一切用到极限，去实现梦想的家伙的故事。

我们应该看到在这个大陆上，有人是这样做梦，这样强烈地热望与付出，又是这样的收获。也许你已经从"独臂船长的航海小酒局"里了解到全球航行的多姿多彩，正对这爽飞的经历艳羡不已，我也想请你看看这环球之行的前传。

那时，风浪中孤勇前行的人并未预期和奢望丰富精彩的环游世界，在命运必然应允他们的巨大回报到来之前，他们只是因着自己的心，迎着浪，一次又一次地，到海上去。

生活没有给我选择它的机会，
我就给生活一个选择我的机会

徐京坤

2015年，我刚刚在法国完成了MINI TRANSAT单人跨大西洋极限帆船赛。这是我离开国家帆船队后，在世界职业帆船赛场的首秀，那一年我26岁。朋友们建议我出本书，说你的故事应该让人知道，也会对未来职业发展有帮助。但我拒绝了。

2017年，参加了德国世锦赛，因被恶意判罚，排名第四错失奖牌。但我给自己颁了个大奖，有了我人生中的第三条船，是一条13米的双体帆船，带着我的妻子准备开始环球航行，实现我十几年的一个梦想和对这个女人的一个承诺。出版社的编辑找到我，打算出一本环球日记，我还是拒绝了。

对于出书，我心里有自己的准则。不过而立之年，尚未成功，未来也不见得成功，不知道什么时候出书竟然可以轮到我这么一个山里的孩子了。一个因为失去一只手而人生多出许多限制的，拥有70后灵魂却差一点成了90后的家伙。

马尔克斯做记者的时候写过一本书《一个海难幸存者的故事》，主人公在海上漂流了十天后被救，名利袭来，他自己都觉得滑稽。"之所以成为英雄，完全是因为在十天十夜的时间里，我没让自己死于饥渴。我没有什么英勇举动。我只是费尽全力想救自己一命。"

我也读过很多英雄传记，他们的故事能够给我力量。但我的故事是不是真的有意义？如果成不了英雄，至少不给大家添堵，这点还是要做到的。我不过是一个不想溺死在生活泥淖里，拼命想要奔向平凡生活的普通人。

2020年，我们驾驶帆船，用三年时间绕着地球转了一圈。许多不易，但收获也不少，不经意间竟然影响了一些人。有朋友给我写信，说我让他们改变了对生活的看法，这让我很受触动。

前几天中新网的卢主编跟我分享了一个观点：体育精神不仅仅在于打破纪录，完成壮举，更重要的是能不能感染更多年轻人拼搏进取不放弃，给社会注入积极向上的能量。能把实干的精神进一步扩散，哪怕多让一个人受到感染，都是有意义的。

正是这句话才让我决定出版这本书。我的故事个中曲折，或者一言半语，希望能够给同样囿于生活的你一点点力量，也算值得了。

下面介绍下我自己，我叫徐京坤，没有左手，山里孩子，初中学历，爸妈都是农民。我拥有的先天资源，甚至离平凡都还有一大截距离。

关于12岁的那次意外，唯一能记得的就是，血肉模糊地被抬上救护车的时候，有个村里的老人说："这孩子废了。"等我在病床上醒过来的时候，发现左手没了。

后来也许是多年的药物治疗损伤了我的大脑，抑或是苦难太多，学会了选择性失忆，大部分的所谓苦难都已经忘记了。但只有这位老人的这句话，成为我一辈子都无法忘记的威吓，也成为我与生活死磕的动力。

我的童年，就像来不及减速，就紧急刹车的绿皮火车，那样突兀地戛然而止。未来渺茫得让人心生恐惧，这些细碎的忧虑和慌乱，我不知道该跟谁说，因为谁也不能给我答案。

跟别的青春期孩子不肯遵循父母安排的人生道路的叛逆不同，我的父母同样不知道我的未来在哪里。甚至他们也隐隐认同村人对于"这孩子废了"的论断，并且基于此在盘算我的未来。

我崇拜军人，可是少了一只手，部队的大门不会向我敞开了。人家说，青春就是因为未来有无限可能而美好，而我的却是所有的死胡同早早现形，那些可能性缥缈得不见踪影。

我和妈妈也因为我丢了一只手，被赶出家门。在一个以劳动力为绝对生存基础和价值评判的村子里，像我这样的人就像被判了死刑。

曾经，我的生活就像一艘将沉的小船，眼前迷雾重重，完全没有方向。直到有一天，我发现了一颗种子，在犹如岩石般坚硬无着的生活面前，它是如此脆弱，无法扎根吸取养分，恐怕一阵风吹来就没了。

我拼了命地守住它，把它种在了我的身体里，用血液滋养它。我知道我和它也许撑不了多久，就会一起枯竭。我也恐惧过，彷徨过，但从来没放弃，它是我仅有的东西了。我向天空怒吼，如果你要带走它，就连我一起带走吧。

就在快要渴死的时候，天上掉下了一滴雨，我们又多活了几天。每次经历一番即将渴死的煎熬，都会有一个声音告诉我，扔掉那颗种子，你就可以爬进前面那个小水塘活下去了。

可我舍不得，不肯放手。等到死亡来临的时候，又有一滴雨落下，我们又多活了几天。就这样我们奇迹般地活了下来。慢慢地种子变成了树苗，过往的行人路过，总会分享我们一点水分。

直到有一天，我发现开始有人在我们身边待下来，歇歇脚，乘乘凉，这颗种子竟然长成了一棵参天大树。它巨大的根系连接着我的血脉，击破了岩石，深深地扎在了土壤里。它的树叶可以荫蔽炽烈，它的果实可以给我和行人带来能量，它强壮的枝干让一切野兽敬而远之。

这本书就是讲述了我和这颗种子的故事，而我称这颗种子为"梦想"。我多想让你感受到孕育一个梦想，也许并没有想象的容易，但也没有想象的惊天动地。有时候你只要卑微地去耕耘，终究能长成一棵大树。

凯鲁亚克《在路上》里面说到的一句话，就恰如其分地表达了我的心声，"我要再和生活死磕几年。要么我毁灭，要么我铸就辉煌。如果有一天你发现我在平庸面前低了头，请向我开炮。"

这本小书讲述了我过去三十年里最值得骄傲的时光——曾经为梦想拼尽全力的那段日子。放弃所有，单纯地努力，每天工作十几二十个小时，吃着盐水拌面，窝在一个阴湿狭窄的小船舱里生活，可是那么充实，那么有奔头，那么快乐。每一天都是新的，每一天的自己都有进步。

纵然有一千种痛苦，生活仍然值得被热爱。它舍得让你悲如千针入骨，也舍得让你乐上九霄天光。虽然生活没有给我选择它的机会，但是我给了生活一个选择我的机会。

生命里那些曾经的曲折磨砺，在后来都成了一种养分与能量。若不是走过这样的时光，好像就不会遇见那些别人可能求之却也不得见的美景。航海给了我最短暂又最精炼的人生教育，而我想把这些航海教我的事儿，分享给你。

目　录

第一部分　国家队时期

第二部分　单人环中国海

第三部分　单人跨大西洋

第一部分
国家队时期

第一章　这孩子废了

"这孩子废了！这孩子废了！这孩子废了！"已经不知道多少次从这样的噩梦中惊醒，梦里的自己浑身是血地躺在地上，被一群人围着指指点点。他们一直不断地重复着这句话。

那声音就像客厅里忘记关掉的电视机，午夜梦回，格外清晰地从门缝里传来，挥之不去地萦绕在耳畔。

第一次听到这句话，应该就是那一天吧。想想实在诡异，爆炸发生后，明明已经被震晕过去了，怎么会在被抱上救护车的时候听到围观村民的一句嘟囔呢？

可是他清楚地记得自己真真切切地听到了这句话，并且在后来的人生里时刻被这句话威吓着。它就像悬在头上的一帖符咒、跟在身后的一只恶鬼。如果不拼命奔跑，就可能被它擒住，那人的话便一语成谶。

"这孩子废了！"这句话如同给他的人生打上的一个烙印，在他还没来得及开始在大千世界里摸爬滚打之前，就给了他一个悲惨的结局。好像被神祇关进暗无天日的小黑屋，并且告诉你不必费力寻找窗子，你的世界里没有一扇窗背后有阳光。

这可怕的预言让他只要一想起来，就如同要跌进无尽深渊一般惶恐，好似永世不得逃脱。所以在后来的日子里，才总是拼了命地奔跑。不是努力，而是拼命。在他的身上总能看见一种决绝，一种誓不回头的坚持，而这种坚持到底因何而起呢？

从征战奥运会，到环行中国海、横跨大西洋，再到后来环球航行，我曾许多次问他，他难道就没想过放弃吗？

他的答案一直都是，"从未。"

"因为你的背后或许有过去的生活仍在那里等待和接纳你，父母或者朋友给了你一个回得去的地方，所以你有放弃的资格。但是我的背后除了一句这孩子废了，一无所有。退回去就是永远做一个废人，去过一个早已被预言了的废弃人生。于我，其实从来没有退路可言，我哪有放弃的资格呢？"

在互联网普及的今天，或许我们觉得没有一只手或是两条腿，人生依然有其他的可能性。比如做个公众号写手或者网络主播，无论如何在包容度更高的现代社会，总能寻到一处谋生之所。

而二十年前那个仍旧蒙昧的小山村里，穷苦人家的男孩子最大的价值就是成为劳动力。失去一只左手，干活不利索，你就是个"废人"了。

说这些的时候，他正用自己的右手手掌一下下地拍击我的左手手掌，然后嘟囔着，"好多年没感受过双手鼓掌的感觉了，原来是这样的啊。"

偶尔我看老照片，他会指着照片里的自己说，你看我也有过左手。那时候家里没钱，也不懂，只去了镇上的小医院。小医院的医疗条件不好，其实只炸掉了一部分手掌，医生怕有并发症，就把前臂也锯掉了一半。

他说自己的大脑好像有某种保护机制，过去人生里那些不快乐的经历都被悄无声息地抹掉和驱逐了，12岁的那场爆炸，个中细节似乎早就被清空了。

但有一种痛，却刻骨铭心，清晰如昨。每每想起，那种避无可避的钻心的恐惧和疼痛就瞬间回到自己的身体里，就好像又重新坐到了那张椅子上。

那是一间弥散着浓重消毒水味的医疗室，他的下巴固定在冰凉的支架上，医生先用铁撑子把他的眼睛撑开，麻药打进去。等麻药生效后，再用手术刀一点一点把眼球表面的爆炸碎片刮下来。

当针尖和刀片向眼球靠近的时候，尽管视力还没有恢复，也还是能感受到森森阴气，本能地想要退后。妈妈死命地抵着他，生怕他一个闪躲，医生手里的刀片便失手碰到眼底。

薄薄的刀刃在眼球上游走往复，本应是没有知觉的，可那刀片和爆炸碎片接触的咯咯吱吱的声响，好像带着巨大的无法忍受的疼痛，一波又一波地在他的脑海中爆炸开来，狠狠地灼烧着他的眼睛、他的脑袋，又一股脑地涌进他的五脏六腑。整个身体都被洗劫一空，他就像是一袭烟火里百滚千烫、颓然破裂的旧皮囊，毫无生气地瘫在那里，动弹不得。

那种撕裂般的恐怖无从描述，尤其对于一个12岁的少年。凭借他过往的短短人生，全然无从类比，也无从理解这种疼痛，甚至没有智慧去告诉妈妈，他到底有多疼。

刮完眼睛，会止不住地流带血丝的眼泪。前三天不能见光，用纱布缠着，整日躺在床上，困在黑黢黢的世界里。麻药劲儿刚过的时候最可怕，就像有人把眼球扎了无数的血洞，然后细细密密地洒上辣椒面，疼得人无法安坐片刻。如同生吞了千百座火山在腹中，那灼灼热气却无处喷泻。这样的疼痛在那个冬天里，每周都要重复一次。

没有人告诉他，他的眼睛到底还能不能重新看见光明。也没有人告诉他，失去了左手，他的生活会有什么不同。他在黑暗中无望地等待着，直到春天。

春天来了，他的眼睛终于能看见一点儿东西了。尽管眼前还总是有些擦不去的白点，至少蓝的天、白的云、暖的日头，还有门前桃树上嫩油油的花骨朵，又都能跟他见面了。

他迫不及待地想要回到学校去，回到那片自己曾经叱咤风云的操场上。被困在黑暗里太久太久了，久到快忘记自由奔跑的感觉了。

曾经的他是学校里的孩子王，无论是跑步还是足球，体育课从来都是他的"王土"。他从未曾想到没了一只左手，不但穿衣、吃饭、系鞋带要重新学，甚至自己最引以为傲的跑步都要从头学。

回到学校的第一堂体育课是800米达标测试。以往他从来都是第一名，在别人喘着粗气还在坚持最后一圈的时候，他就已经悠悠然地跑过终点，蹿到隔壁球场去撒欢了。

可是这一次，没有左臂保持平衡，困在床上几个月，加上药物的作用，变得有些臃肿又不协调的身体，无论怎么调整姿势和步伐，他都找不回当初的感觉。

从未觉得800米的跑道竟然这么漫长，脚步一步重似一步。他坚持着，那甚至不能叫奔跑，而是以一种奇怪的海浪般的曲折轨迹，在白色的跑道中间辗转跟跄。

等他终于到达终点，达标时间早就过了。体育老师试图安慰他，却半天也没说出什么。大约他也不知道该跟眼前这个孩子说点什么，才能给他一些慰藉。

后来的体育课上，老师为了照顾他，不适合单手做的项目都不让他做了。曾经最爱的体育课上，他成了看客，定格在操场边。就像那个在风雨里破败不堪、无人问津的篮球架，只等待着有朝一日被想起，扔到垃圾堆里去。

京坤说，他的童年好像就是在那时候结束的，不再无忧无虑了。在此之前他也曾经想象过自己的未来，可能成为一名足球运动员，或者一名解放军战士。总之未来还远，总有几场大梦可以做一做的。

可当这场灾难突如其来闯进他的生活后，他不得不第一次被命运拎着脖领来到未来面前，直面惨淡的人生。他发现，原来青岛足球学校的学费根本不是他的家庭承受得起的，即使付得起学费，人家恐怕也不见得会收一个没有左手的孩子。他想当兵，可是国家规定征召入伍者必须肢体健全。他曾经有过的那些梦想，就只能是梦想罢了，再也无法变成现实。

就在这一刻，他的人生好像忽然转台的电视机。他愣在原地，看着突变的剧情，无助而彷徨。跟别的孩子青春期的叛逆不同，他根本无从叛逆，因为老师和家长都不知道能给他指一条什么样的人生之路，除了那一句"这孩子废了"的唏嘘。

我问他，"那你该怎么办呢？对于一个小学五年级的男孩来说，你到底能对这样的人生做点什么有力的反击呢？"

他答，"其实没有希望的人生也是有好处的。那些有很多机会的人，就好像拥有满天繁星的幸运儿。虽然整片银河都在朝他眨眼睛，但每一颗星星的热量他都无法感受到。

"而我，在黑暗里待久了的人，总是善于发现光明的。所有的门窗都被封死了，所以哪怕有一个缝隙里透进来一只萤火虫般的微光，于我而言都有如太阳。旁人眼里希望渺茫的前路，在我则是万丈光芒，怎么能不全力以赴地奔去呢？

"即便奔过去，萤火虫飞走了，我也不会回头，因为背后黑茫茫的，什么也没有。不如守在窗边，也许又有一只萤火虫会飞过也说不定。这是站在悬崖边上的人的特权，除了孤注一掷，别无选择。

"于当下的我而言，能做的也不过只有奔跑罢了。在别的地方，我永远比别人少一只手。但是在田径跑道上，我跟别人一样，都有两条腿。

"生活无望，但跑起来，总会有风。"

第二章　人生的路每一步都算数

生命有时好似一篇文辞艰涩的经文，常疑心或许造物主也要一日三问，汲取真谛，何况恣乎情性、聪明不开的我们，如何能轻易解读岁月山海背后，到底给我们留下了怎样的谜题与答案。

1989年9月9日，徐京坤出生在古老传说中由女娲化身而成的大山深处。四千多年前，后羿为领袖的东夷部落便居于此，有"秦皇游而忘返，武帝过以乐留"的美名。这一处称它钟灵毓秀、人杰地灵，是毫不为过的。

这样美好的馥郁山川、葳蕤草木，成了徐京坤孩童时期宛若天堂的乐园。渊停山立，自然是最好的人生导师，可以为你奉上最深刻又最易懂的童书绘本。山林里的春秋四时，总是各有各的乐趣。冬天打个盹儿，就把春天梦了出来。

十里春风送来春日渐暖，正是建造山中秘密基地的好时节。三五小伙伴一放学便相约奔上山去，今日一片石台，明日一堵墙宇。廊柱分立撑不起庙堂，却能立住石屋三两。不消到夏季，屋舍就初具模样。

常常等不到石屋建好，小伙伴们就又有了新的乐趣。春末夏初，山林蓊郁，草木扶苏，野果、蘑菇、野菜、树上的大樱桃，甚至石头下的野蝎子，都是孩子们的饕餮大餐。

到了夏天，更是撒了欢儿地奔到河里去，游泳、捕鱼，水清得可以看见透明的小虾在水草间游荡。夏日里父母总是早出晚归，于是去田里寻父母的路上，东家给你一个桃子，西家塞你一捧李子，一路吃得肚子圆溜溜的，迎着夕阳跑起来，果子的艳色便从脸颊溢出来。

装了一口袋阳光的风撞洒漫山的落叶，甜过吐鲁番的葡萄如玛瑙一般挂满山坡，姗姗来迟的秋天比蜂蜜还甜。暮蝉嘶鸣，好像日头都被它们匆匆赶下了山，月亮与星星同样步履匆匆地赶来，唱着一曲丰收的颂歌。

深秋睡熟便成了冬，除了打雪仗、滑冰，去山洞里探险也是小伙伴们热爱的活动。在白茫茫的北方的冬里奔跑，跑得热气都在衣帽上结出白霜来，好似自己也成了这冬日的一部分。

这样自然之中肆意的童年，就在那一声巨响里，被命运毫无征兆地按下了暂停键。因了那只"离家出走"的左手，他从此成了一个破碎的人。生活如同一场不战而败的战役，而他不想做逃兵。

尽管人世曲折艰难，时光依然马不停蹄地逝去。转眼，徐京坤开始上初中了。离开熟悉的小伙伴，新的学校里各村的孩子都有。迟钝的他，也开始渐渐感受到那些聚焦在他左手断臂处的异样眼光，走过时会听见他们的议论指点，回头去看又忽然寂静一片。

没有人当面挑衅欺凌，只有那些芒刺在背的暗戳戳的伤害。京坤说他其实不怕前者，男孩子之间打一场架，说不定还能打成无话不谈的朋友兄弟。但是后者，那是软刀子，剐肉刮骨，看着不动声色，其实伤人无形。你也不可能因此诘问于谁，问得狠了，到底是你的无礼。

他好像在这一刻才终于从12岁的那场爆炸后的昏厥中慢慢苏醒，当时心智未启，囫囵吞下的整块痛苦，终于开始黄牛反刍一般，被咂摸出苦辣无尽的万般滋味来。那些被桎梏的愤懑，被损伤的骄傲，被淹没的迷惘，像永远开不完的套娃，一层又一层，露出相似的恼人面目。

初中毕业的那个暑假，他问妈妈能不能给他做一个假肢，这是许多年来他第一次跟妈妈提要求。当时，最便宜的装饰性假肢也要几千块，对于他的家庭来说，实在是一笔巨大的开支。但是妈妈考虑了很久还是同意了，她知道自己可怜的孩子多么渴望假装成一个正常、完整的人，去面对未来。

刚到高中报到的那一周，他整天戴着那个假肢。只有等到午夜大家都睡着了，才敢偷偷把假肢摘下来。在大家起床之前，再把假肢绑好。如同守着一个见不得人的丑闻，生怕被谁发现。

对于迷雾重重的未来，他一无所知，身边也没有人可以给他一点线索和答案。被未来的巨大惶恐扼住喉咙的他，除了奔跑，什么也做不了。

从学校回家有十几里地，他买了沙袋，绑在腿上，推着车子，拼命地跑。每周末跑回家，周一再这样跑回学校。有时妈妈在前面骑着车子，他就跑步跟着妈妈。镇上的人都知道他，那个特别能跑的孩子。学校运动会上，他终于又变回了那个以前的自己，在跑道上叱咤风云的那个自己。

拼命奔跑的时候，人是可以暂时忘记思考的。那些将他牢牢捆住的情绪都会在奔跑的时候短暂消失，就像青蛙仰头看见井口的那片蓝天，有一小会儿的时间里会忘记自己已经掉进井底。

曾经在陆地上生活的青蛙其实从来都知道天空很大，可是还没有能力把自己从这深井里救出来。它只能向着井壁撞，奔着石缝挖，冲着天空跳，往看不见底的水下游。它不知道哪里有出口，但知道没有人来救他，那么就各处试一试，不试怎么知道不行。人生没有白走的路，每一步都算数。

调试假肢的时候，妈妈同医生聊天，说起这孩子没了一只手，未来也不知怎么办。那医生就问，这孩子有什么特长？妈妈说，跑得快，就是特别能跑。医生便随口答，可以去体校啊，去残联找他们，有什么残疾人代表队，搞体育去呗。妈妈说，咱农村人，谁也不认识，哪知道咋进人家的门儿呢？

说者无意，听者有心。医生随意的一句话，被徐京坤记在了心里。他知道跑步也许是自己爬出深井的一线希望，他必须去试试。几天后去高中报到的路上，妈妈一走，他就坐车到了市区。这是他第一次一个人进城，也不知道残联在哪儿，见人就问。按路人的指点，七拐八拐竟然真找到了。

进了残联，逢人就先鞠躬问好再说话。连着问了几位，都不是负责这块的。好不容易在靠里间的办公室找对了人，他就把事先在心里掂量模拟了上百遍的话，一股脑地吐了出来，"叔叔，我叫徐京坤，我跑得特别快。您有什么比赛，叫上我吧！"

人家看看眼前的孩子，也不知有没有把他的话当真，就说好，知道了，你回去吧，有比赛叫你。他一再道谢，高高兴兴地转身往外走。走到一半忽然想起来没留联系方式，人家怎么找自己啊，忙又跑回去，怯怯地问，"叔叔，我是不是得给你留个电话？"

那人重新抬起头，仔细看了看眼前这张黝黑清瘦的笑脸，笑了笑，拿了纸笔给他。徐京坤把家里电话一笔一画地写下来，写完又念了三四遍，生怕写错了。

没想到几天后就接到了市残联的电话，让他去市体校试训。那一通电话，于他而言简直是通往未知未来的一根救命稻草。虽然那未来蒙昧隐晦，但至少是当下漆黑里唯一的一点光亮，必须死命抓住，决不放手。

通过试训，留在市体校专攻100米和110米栏。妈妈在附近给他租了个小房子，搬去那天，他对自己说，无论如何，一定要留下来，跑出点儿成绩。

带着这样对未来满满的希冀，他微笑着睡去。梦里他一路跑进省队，跑进国家队，还跑进奥运赛场，美好得不可思议。但生活不是一场美梦，显然他的乐观来得太早了。

他记得，那个可怕的训练项目叫"123-321"。操场一圈是400米，你要冲刺100米，快走300米；冲刺200米，快走200米；冲刺300米，快走100米。稍事休息，再来一组，如此往复。大概做个三四组，便会累得趴在地上干呕，除了水什么也吐不出来，眼前发黑，就像大旱过后河滩上的鱼一般，拼了命地喘气。

全力冲刺的时候，腿部没力，动作变形，整个人摔出去，在地上滑行一段。煤渣沾在鲜血淋漓的伤口上，好像沉寂多时忽然喷发的火山。

除了他，队友都是有几年训练和比赛经验的健全人选手，教练不可能为了他单独制订训练计划。对于他能不能跟上大伙，教练和队友心里一定满满的怀疑。

所以他不敢显现出哪怕一丁点儿的退缩，因为他知道只要自己透露一丝一毫的累了、不行了的想法，其他人就会顺理成章地肯定心中的不信任，说他确实做不到，让他离开这里。那么他那灰茫茫的生活里唯一的一道光也就消失了。

虽然他也不知道训练下去到底会怎样，但他知道当下的生活，并无其他可能。凭他一个十几岁的孩子，想要逃出眼前悲惨的境况，只有这一条路可走。除了坚持下去，他没有别的选择。

每天回到住的地方，吃饭的力气都没有，瘫在床上，倒头就能昏睡过去。早晨起来，脖子、腰、胳膊、腿，没有一处不疼的，几乎起不来、动不了，就像《野性的呼唤》里忽然被扔进一群雪橇犬里浑身是伤的巴克。但是只要一到训练场，他就不断地麻痹自己，假装哪也不疼，不敢让教练和队友发现他的吃力。

刚开始做力量训练的时候，队友挑衅他，说100公斤的杠铃，你能做半蹲吗？看着那些人眼里的嘲讽，似乎笃定他肯定不行。他不说话，径直去扛起杠铃蹲下。站起来的时候，好像大腿、脖子和肩膀都要被崩碎了似的。他咬牙坚持，不肯发出半点声音。

教练进来，把队友狠狠训了一顿。原来他们偷偷多加了两片杠铃，150公斤给才开始专业体育训练的新人做半蹲，何况还只有一只手。一旦杠铃倾斜，或者他站不稳，就很容易造成非常严重的伤害，甚至死亡。

讲这个故事的时候，他的眼眶有点湿，或许是这么多年来第一次把曾经受过的委屈说出来。他说那时真的特别希望第二天睁开眼睛，妈妈就来了，摸摸他的头，说我儿子受苦了，妈妈给你做了菜，快来吃。可是家里农活忙，还有个小弟弟，妈妈没空去管他。受了苦不说，不是因为不善言辞，而是因为知道说了也没有人能帮到，于是只好保持缄默。

没有人能够穿越时光，回到那年夏天，去轻轻拍拍煤渣跑道旁那个鲜血淋漓的少年的后背，告诉他，你不必惶恐，也不必迷惘，抹去心头的泪水，生活给你准备了丰盛的筵席。尽管未来仍旧许多凄风苦雨，可是你将一如既往地凭着自己的勇敢、倔强和坚韧闯过去，闯进一片更广袤的山海水天里。

就这样，一整个夏天，他都在拼命地奔跑。在那样的奔跑里，他把过去的自己全然抛弃了。他不再是12岁以前的自己，而像是重新降生在这个世界上。一条跑道、两条腿、一只手，好像他本来就是以这样的姿态跟世界相遇的。没有失去过什么，他就是完整的他，从未破碎过。

第三章　不放弃会成为习惯

这世间唯一的公平就是你有春夏，我有秋冬。一日二十四小时，谁都不多一分、不少一秒。如何挥洒光阴是你自己的事，努力奔跑也是一季，躺倒被嘲也是一季，各人去寻各人的好。

虽然不是所有春天开的花，秋天都能结出果，但难道要因为也许不能结出果实就放弃开花的努力吗？就算成了化作春泥的落花，也会以某种形式回归大树，并且在下一个春天再次努力盛开。谁知道下一个秋天会不会还你一个丰盈？不行的话，还有下下个春秋。

春日浇灌，夏日盛放。你做了该做的事，秋天便会有喜人的回报。2004年9月，残联的人通知他，到山东省田径队报到，备战第十一届全运会。

一个人背上行李，去离家300公里的济南报到。15岁的徐京坤，第一次独自面对人生。虽然一夏天的努力让他壮硕了不少，但跟队里已经有一堆奖牌傍身的经验丰富的专业队员比，实在算不得出众。队里的人当他是个来跟着混的孩子，吃不了苦，没几天也就回家了，并不认真对待。

后来我曾同他到过一次济南，他竟然连芙蓉街都没有去过，连济南城中许多泉眼也未曾见过。我问，你不是在济南训练了一年吗？他答，那时候除了训练，最多就是在体工大队外面的文化路上走走。附近有警察学院和艺术学院，有许多朝气蓬勃的同龄人。看看他们热热闹闹的生活，假装自己也是楼船箫鼓的一部分，便不觉那么孤单。除此之外，哪儿也没去过。精力都在训练上，根本没有余暇去考虑其他。

离全运会还有四年时间，这四年就像是一张空白的岁月信笺，任由他书写涂画。幸运的话，也许四年后能完成这幅画作———一张通往更大世界的船票，一条爬出井口的缆绳。

于是一分一秒，也不敢浪费。他不知道如果错过了这个春天，下一个春天什么时候才来，或者到底还会不会来。

重生的徐京坤，他的世界里除了跑道，再无一物。然而空荡亦有空荡的好处，让你可以简单地做到心无旁骛地努力，不必纠结于选择。只要拼命奔跑，总有可能遇见一个更好的未来。而这一年的春节假期，他第一次站在了人生的路口，眼前是两条左右为难的岔路。

残联的人通知他，为迎接2008年奥运会，国家组建残疾人帆船队，征选各个项目的运动员试训，问他有没有兴趣参与选拔。

虽然那时的他，别说帆船是什么都不知道，大海也只见过一次莱州湾的内海。但作为一名运动员，有机会加入国家队，实在是一种巨大的诱惑。

其实放假前，考虑到他腿部肌肉特别发达，教练已经把他推荐到省自行车队重点培养，指望他能在全运会上骑出成绩。

一边是成为稳扎稳打、颇有希望的省自行车队队员，一边是前路渺茫、吉凶难料的国家帆船队选拔，到底该何去何从？

如果没有第一个敢于离开陆地、扬帆远航的水手，地球上大约仍旧只有孤单大陆，不会有"世界"这个联结的概念。他的人生也如此这般。大山里可以容纳泉眼、溪流、山涧，甚至湖泊、江河，却容不下大海。要想遇见世界，他必须闯到大海里去。或早或晚，国家队终究会是他的目标。斟酌再三，他决定直面挑战。

最近一次同我回忆起国家队的日子，是看见里约残奥会上残奥健儿取得了好成绩，却没有转播、缺乏关注的新闻之后。他感慨，只记得金牌，或者说只记得健全人、热门项目、长得好看的冠军，这不是他理解的体育精神。

奥运精神里讲的突破，通过竞技发掘人类极限，就是要不断有人参与，有人挑战，才能造就今时今日这样的奥运，这样的体育，这样的荣誉精神。

他说，"其实没得冠军的运动员更需要掌声。体育是十分残酷的，而每一个运动员都需要鼓励。除了体育，大部分行业都会有很多个最佳。而竞技体育里就是会分金银铜牌，任何一个项目只有一个冠军。其实大家吃的苦是一样的，甚至也许没有得到冠军的人付出的汗水更多。但最后常常掌声只给了冠军。"

徐京坤说他并不崇拜权威、冠军。他觉得每一个全心投入在自己梦想里的运动员都是英雄，都值得敬佩，得到冠军绝不是体育的目的。"我们队里原来有七十多个人，后来只剩下十几个。你知道每一个人离开队里的时候，心里都有一片梦想破碎的声音，他们也不是没有努力的。"奥林匹克的精神本来就是重在参与，各种规则的改变其实一直都是为了一个目的，就是让更多的人，甚至重度残障人士都可以参加体育、参加奥运。

在我眼里，他实在不是一个享受比赛、热衷竞争的人，他不觉得人该被分出第一、第二，每一个人都是自己的冠军。而在当时，奥运于他而言，更像是一个未完待续的故事，一道足够分量的向自己证明自己的题目。

初来乍到，有许多的不知所措，用他的话说，"一个没见过什么世面的山里孩子，忽然就被扔进这样一个戴着'国字号'招牌的光荣集体里。好像被忽然端上满汉全席的一道山野小菜，想拼命留下来，又怕自己还不够资格。那时候别说对知识、对训练如饥似渴，就连行礼问好都担心自己做得不对，做得不得体，害怕露了怯，让城里的文明人瞧不起，笑话我登不得国家队这大雅之堂。"

每天早晨他都会对着镜子里的自己大喊，"徐京坤，你必须努力！""好好训练！""打起精神来！""见人一定要说话！"

在省田径队的时候，他似乎还安然地当自己是一个孩子。成年队友们不把他太当回事，那就只顾低头训练，别的什么也不想，什么也不管。

而这一次，进入国家队，他知道自己必须成长了，要像大人一样去面对周遭，让教练和队友发现他也是一个可以相信的成熟可靠的大人。以往木讷不愿说话的他，在这里强迫自己去表达，被认知，被了解。

他甚至会在心里对自己说，如果留不下，干脆跳到日照的海里去算了。努力努力再努力，多学一点儿，多进步一点儿，就能离被淘汰的悬崖远一点儿。凭着这一点儿小小的信念，他一步一步地往前走。

后来学生问他，"教练，你一个手打绳结咋学的啊？"他总说在国家队练的。训练完回到宿舍，只要手空着，就一遍遍地练，一直练到熄灯，后来熟得闭着眼睛也没问题。

进入国家队快半年了，徐京坤还一次没有上船训练过，每天只有在港口边等着队友训练回来帮忙接船、洗船时，他才有机会摸到船。

队里七八十个人，只有一条法国国家队捐赠的2.4米级单人龙骨帆船，上船训练的机会十分稀少。他知道一直这样下去不行，无论训练多刻苦，没有上船实践的经验，迟早会成为下一个回家的人。于是他去找了苏里教练，认真地谈了许多，恳请他给自己一次机会。

那时队里处事通顺，赛事经验丰富的三四十岁的老运动员大有人在。在教练眼里，努力训练却乳臭未干的徐京坤绝不是他们看好的种子选手。何况在小帆船比赛中，没有下肢尚好，上肢残缺是很大的障碍。

但第二天，教练还是给了他一次机会。那艘单人帆船，是为双手操控设计的，需要一手掌舵，一手控帆。尽管在心中想象了无数次如何操作，还是无济于事。松了舵去调帆，调好帆赶紧去收舵，舵就已经偏了。他手忙脚乱，船根本不在设想的路径上，表现得糟透了，教练很不满意。

我问他，你怎么不辩解？京坤说跟教练是不能辩解的，你第一次上船，你一只手操控不能成为理由。体育竞技是特别残酷的竞争，结果十分重要。你表现得不好，就没有上场的机会，任何原因都不重要。

他只能继续拼了命地学习、训练，在心里无数次演绎模拟技术动作，寻找适合一只手的操纵方法，等待下一次上船训练的机会。终于队里来了一条新的sonar级别三人帆船，这一次他没有放过。

比赛中，船只转向需要帆面做出快速变化配合。作为主帆手，单手控帆，速度根本跟不上。刚开始上船适应，左手的断臂常常得用于保持身体平衡，于是收放帆绳的时候只好手嘴并用，生怕教练不满意自己的速度。

尚且没有总结出属于自己的技巧，不会借力，只能用应急反应中的一切身体器官一起用力。常常训练完一手水泡，嘴唇也是破的，牙根都疼。前几日的泡尚未结痂，又磨出新的水泡来。

现在想想，跨大西洋的时候，其他船长都好奇他是怎么用一只手控制那条船的，因为他们都是一手放帆，一手收帆，转向时必须两手同时操作才行。那时的他已经总结出自己的办法去自如应对，而这样的自如，大约就是当初那些伤痕年复一年后淀出的繁花吧。

徐京坤说，他特别喜欢Beyond乐队的那首《光辉岁月》。在他心里，所谓的光辉岁月，其实从来不是你梦想成真之后的志得意满，而是在没人支持、没人帮助、没人认可的最黑暗的岁月里，你还执着于自己的目标和梦想，坚持着不肯放弃。

只要放弃一次，就可能养成放弃的习惯，而其实不放弃也会成为一种习惯。当你决定不放弃，那些看起来没有路的荒野里，也会为你生出一条荆棘遍布的小路来。

这段逆境时光里，那些巨大的压力下，你会在小小的坚持里成长为一个更加强大的自己，就像黎明前的黑暗，捱过去，天也就亮了。

你可能永远不知道，就凭着"坚持"这两个字，可以走多远的路。

第四章　国家队是我的大学

回忆起国家队的日子，他说刚到队里的那段时间，心情就像坐过山车一样，起起落落。每天都要面对 to be or not to be 的猜测和被选择，是他，不是他，不是他，是他，不断地在失望与希望间辗转，如同每每把石头推上山顶就又轰隆滚落的西西弗斯。

队里聚集了来自射击、举重、田径等各个项目体育队的优秀运动员七八十人，只有他一个人还未成年。最后只有六个人能代表中国参加奥运会，每隔一段时间就有人被淘汰，又有新人加入，每天都在悬崖边徘徊。

虽然早就知道想在国家队留下来，必然要面对许多艰难，然而真到了日照，那般残酷的竞争与淘汰，还是给这个17岁的少年上了一课。

国际残帆联根据可能对驾驶帆船造成限制的障碍，把运动员分成不同的级别，对应1～7分的分值。身体残障程度越高，驾驶障碍越大，分值就越低。

中国作为东道主将参加残奥会的单人、双人、三人龙骨艇的帆船项目。关于这三个项目，奥组委有规定：单人选手功能评分必须等于或低于7分，所以各国大都会派出7分选手，这样更有利于夺取奖牌。

双人项目要求至少有一名功能评分1分的选手，以及一名女选手。当时中国残疾人帆船队功能评分1分的只有一位男队员，所以这个位置非他莫属，而他的搭档也就只能是女选手了。

三人项目中，三人功能评分总和不能超过14分，因此通常教练会优先选择功能评分在4分上下的选手担任舵手，再搭配4～5分功能评分的两名选手担任前帆和主帆。而前帆调控多用双手配合，下肢残障选手更适合。

徐京坤由于单手缺失，功能评分是6分，既不是单人项目上的7分优选，在三人项目中也十分麻烦。虽然奥运会将有六名运动员代表中国参赛，但其实于他而言，能出现在奥运会上的唯一机会就是成为三人帆船上的主帆手，还要在舵手和前帆手功能评分和小于等于8分的前提下。

很多时候，由于对于参赛选手功能评分的限制，教练不得不优先选择低分队员，然后再搭配高分队员。

所以他常常能感受到自己不是教练的第一选择。战术会议上，永远是把所有位置都安排好了，才会提及他，甚至有时候干脆就没有他。他就像一个局外人。

这样的状态给了他很大压力，完全没有主动权。一旦教练选的舵手和前帆手评分和大于8分，他就一点上场的可能也没有了，而另两个位置队员的训练表现全然不是他能够左右的。这种无力感，让徐京坤十分受挫，甚至一度找不到努力的动力。

害怕最后站在奥运赛场的不是自己，害怕自己失望，害怕让在背后支持自己的家人失望。迷茫该怎么训练，迷茫该怎么努力，迷茫付出的努力是不是有意义。

也不是没有懈怠过，但相比努力却可能没有回报的惶恐，对懈怠的惶恐更可怕。他知道自己还是不能放弃，要抛弃一切杂念，做好自己能做的部分。就算最后还是失望，至少不能因为是自己没有拼尽全力。

放弃就是没有一点儿希望了，坚持下去，也许还会有奇迹。就像西西弗斯，他从来没有失败过，因为每一次巨石滚落后，他都又一次把它推到山顶，从未放弃。

2006年的冬天，帆船队要去海口的秀英帆船帆板基地冬训。第一次去离家这么远的地方，并不能让他兴奋。冬训时再也不用担心自己排不上机会上船训练，这才是他最安心的。

除了海上实践，他的生活只有两个去处，在宿舍学英语，在健身房加练体能。他说那时每天都是听着英语课文的录音带睡着的，早起第一件事就是重读一遍单词。白天做体能训练时，嘴里都在背着前一天听的课文。

学习能让他的内心得到短暂的平静，知道自己不是在原地踏步，至少多跑了几公里，多学了几个单词。这都会大大减缓那笼罩着他的无处不在的巨大不安。

他是一个不怕别人不相信自己，最怕自己不相信自己的人。如果他不能笃定自己可以做得到，恐慌将会坐立难安，而学习是他暂时能找到的唯一的疗法。

在这个时期，他和他的船达到了前所未有的默契程度。日渐提高的帆船技能，正在悄然改变着他，铸造着他的小小自信，也让他曾经的惴惴不安一点点地离他远去。

我问，到底什么时候，他终于确定自己会是那个站在奥运赛场的人？他回忆了一会儿说，大约直到5月的奥运测试赛，才开始觉得可能就是他了吧。在此之前，教练在全美公开赛和世锦赛上都让他上场了，但是他知道，教练从来没放弃过更换组合的可能。

生活有时就像船尾的余波，回头去看，总是很美。在国家队的日子，尽管每一天都在为了不被放弃而拼命努力，但奥运之旅仍旧是他十分美好的一段回忆。

他说，"那个阶段其实是我成长的加速期，开始见识到跟我不一样的各种人，从他们身上学到了很多东西，也开始见识到外面的世界，第一次有了对远方的渴望。"

电视剧里有一段大家熟知的话：如果你爱他，请带他去纽约，因为那里是天堂；如果你恨他，请带他去纽约，因为那里是地狱。就是这样的繁华之地，开启了京坤最初的对于外部世界的向往。

他至今记得站在纽约联合国总部前的感受。穿过高楼大厦和时髦的人群，庞大而现代的一切，转角背后就是一片豁然的开阔地。色彩斑斓的旗帜出现在碧绿如水的玻璃大楼前，这里是跟故乡那个小山村截然不同的世界。

在此之前他去过的最大城市，就是北京。2003年暑假时他还小，从来没有觉得北京会和自己产生什么联系，仅仅是到此一游的心情。他觉得自己终究是山里的孩子，从山里来也总是要回山里去的，自己的未来在山里。

而这次来到纽约，他第一次有了不一样的想法：原来世界这么大，这里也是我可以到达的远方。他说回家后还同妈妈聊起纽约，聊起终有一日要带他们也去见见那样的繁华。关于自己的未来，他似乎开始有了不一样的想象。

有的时候，成长比成功更难。有偶然的成功，却从来没有偶然的成长。那些偶然，不过是戴了面具、化了妆的必然。国家队的那三年，给他带来了最好的成长，他称那里是他的"大学"。

2008年奥运前的徐京坤，正处在风华正茂的好时候。每一日都好似大雾散开前的黎明，尽管仍有夜的余寒未了，尚需继续小心行在这未知的海域，却总是隐隐知道那天光大亮的晨早不远了。

据说远古时期大泽山曾是海中孤岛，唯有扬帆才能通行来往。而今日沧海桑田幻化出山峦的这一处，一个山中少年，用他的双腿一路奔跑，从大山到大海，从村人眼里没了胳膊的废人，到初进田径队的毛头小子，再到代表中国参加残奥会的国家队队员。这一路的蜕变，徐京坤形容真的就好似躲在茧里笨重丑陋的虫，经过破茧的挣扎，终于有一天发现自己竟然也能飞翔。

少年游历，踏浪回首，万千的冬天里，毕竟还是为他藏好了一个暖春。

第五章　破碎的奥运梦

2008年奥运会青岛会场的开幕式上，徐京坤作为旗手，手持五星红旗走进会场，每一步都走得很郑重。只有他自己知道，为了来到这个赛场，这三年他走过了怎样的路途。

人生里的许多事得到与失去的难易程度大抵是相近的，这样艰难跋涉才遇见的新世界，总该比流光逝水来得长久可靠些吧？

然而生活既可以一日百年，也可以百年一日。岁月星霜从来自有主张，它们是比莎士比亚还杰出的剧作家，总能写出让人讶异的悲喜转合。就在徐京坤还沉浸在自己的奥运初体验时，这场国家队之旅，却好似一出甫一开场就戛然而止的短促而华丽的梦，结束了。句号潦草，只留下一声无法回顾的叹息。

2008年10月，全队还去日本打了友谊赛，依然保持着全胜战绩。庆功会上大家兴冲冲地谈起未来，苏教练端着酒杯，拍着他的肩膀说，"京坤，明年就让你练单人试试。"京坤高兴地连声说，"谢谢教练，谢谢教练！"

这是他一直以来的愿望。相比三人项目，单人艇主动性更强，不必受限于积分，等待被拼凑挑拣。成队三年，帆船队的进步是有目共睹的。再苦练四年，伦敦奥运会上拿到奖牌似乎并不是什么遥不可及的目标。

回家前去跟教练告别，教练还说别把东西都带走，马上就得回来训练了，京坤就这样带着无限希冀回家过年去了。春节后却迟迟收不到归队训练的通知，打电话给队里，得到的总是语焉不详的回复。在不安里等了几个月，依然没有确切消息。徐京坤说，那时候大概知道应该是队伍就这样解散了。很遗憾，连解散都未曾有一个告别的机会。

这样措手不及的结局，让徐京坤原本关于未来的想象都变成了失效期刊，未及出版，已然作废。生活没能在转弯前给他一点儿提示，他觉得自己好似爬山爬到一半，兴冲冲地望着顶峰暗自计划时，面前的山峰竟就忽地轰然倒塌，碎成灰，散成末了。

为写这本书，查阅资料时得知，对于退役运动员，体委和残联都会帮助做就业指导。徐京坤这才知道或许应该有这么回事，当时的他全然不知该如何面对这样的变故。

在国家队的几年里，他只有一个目标，就是站在奥运赛场上，为此日复一日地努力。当这个目标实现了之后，便换成了下一届奥运会，期待能够站在领奖台上。除此之外，从未考虑过其他。

关于未来，未来便是一届又一届的奥运会。帆船运动员年龄限制不大，至少可以比到三四十岁。对于十几岁的徐京坤而言，没有奥运会的未来实在太过遥远。他从未想到，这一天竟然就这样倏忽而至。

读过一篇前国家游泳队队员写的文章，描述自己退役后的生活：光环没有了，骄傲没有了，梦也碎了，整个人都没有了目标，不知道该何去何从，不知道未来的路在哪里。没人在乎你曾经是冠军，曾经有多辉煌。除了领奖那一刹那的荣耀和骄傲，我们什么都没有。当你步入社会的时候，老板不会因为你是冠军而多给你一块钱。

如何找到赛场之外现实生活中的位置，大约是所有运动员都会面临的问题。因为金牌不能弥补生活，荣誉和声望转瞬即逝。调查显示，中国有近30万退役运动员，而其中八成面临贫穷、伤病、失业的折磨。

徐京坤不想成为那其中的一员，以为自己已经逃出了既定的命运，走到了更广阔、更美好的世界。但他却被生活一下子又扔回到当初的地方，这一趟奥运之旅，好似爱丽丝梦游仙境一般，到底是否真实地发生过，他常常恍惚。

他渴望继续奋斗，却不知从何开始。生活比体育复杂得多。赛场上有人给你准备好了起点和终点，而生活却从来就不是一场规则清晰的比赛。出场的人只有你自己，无论你愿不愿意，你都必须在这里找寻你的起点，还有活着的时候永远遇不见的终点。

2009年，大约是徐京坤过去20年生命里最为痛苦的一年，就像艳光四射的晚霞过后忽然降临的森森夜色。小时候，他从未见过别的可能，山山水水便是他的乐园，没有得不到的遗憾和失落。

而这一次，他曾爬上山峰，亲眼见识过那样的美好，他知道他的人生可以有别样的活法。再次被抛回到原点，就如同从身体里抽离出本来就已经属于自己的一部分一样，痛得撕心裂肺。

他还记得，前一年冬训结束，穿着国家队的队服回家去看姥姥，那是最让姥姥高兴的事。

小时候当每一个人都怀疑他是不是废了的时候，姥姥为了他被人欺负，默默地伤了多少心。如今她的外孙，在代表运动员最高水平的国家队训练，去了那么遥远的海南，拿自己的补助给家里人带回了那个长满椰子树的海岛上的稀奇玩意儿。

　　姥姥逢人便夸，这孩子有多孝顺。村里人对于那个被大家预言已经废了的孩子竟然折腾去了国家队，也是十分讶异，感慨着这孩子有出息。成为姥姥的骄傲，是他最高兴的事。可是一转眼，这份高兴就镜花水月一般，消失得无影无踪了。

　　奥运很短，生活却很长。然而生活却没能让痛苦迷惘中的徐京坤具备遗忘的能力，他只是陷入了更深的与自我失望的对抗之中，就像博尔赫斯所抱怨的：当我醒来，看到的是糟糕的事情。我还是我，这令我惊讶不已。

　　这时的徐京坤憋在房间里，一遍遍地背诵同一篇英文课文。或者在午夜无人的村里，发了疯似地奔跑，跑到有一瞬间全部血液用于呼吸和心跳，暂时忘记思考。除此之外，再寻不见任何可以让他在浓雾般的无尽迷惘里得到一点安生的方法。

　　同时他也曾做出各种经商的尝试，比如开一家巧克力店、家具店、养殖场等，但每一个尝试都因为种种原因未能成型。大多数时候，是姥爷在劝阻他。在知天命的年纪，老人家有他的智慧。他知道，这个直脾气的外孙，正在经历人生的低潮。而这个孩子的个性，并不适合做一个商人。他的未来并不在这里。

　　生活不像赛场，你一开始就知道自己努力奔跑就可以快点到达终点。生活里没有这样的秩序，付出全部，很可能只是血本无归。

　　在面对抉择的路口，别人眼里的他可以有很多选择。但是对于他自己来说，仿佛每个方向都阻隔着一堵无形的墙。想用力冲过去，却又被弹回来。再换个方向，依旧如此。他被撞得遍体鳞伤，全无头绪。

　　生活中的希望好似幻象一堵骤然消失，他竟然成了从天而降的异乡人，没有一处属于自己的位置。时间乌黑的翅膀无声煽动，一眨眼，半年已逝，而自己还站在2008，逡巡不前。

　　奥运会如同锦绣年华之中，一次罕见的焰火。回首时，早已全然看不真切它的面容。而自己只能栖迟于故里山村，逃无可逃。

第六章　震撼的死亡教育

　　徐京坤整日整夜地待在房间里不出来。妈妈很担心他的状态，于是打发他去远房亲戚的石材店里帮忙，做些事分散注意力。

　　在石材店里的那段日子，作息跟国家队一样非常规律。每天开店，关店，应酬，睡觉，但是每一日的生活都是旧的。徐京坤好像已经看见了自己的全部未来，做得好就是个衣食无忧的小老板，做得不好就是个石材店的小工。他知道在这里搬一辈子石头，永远都比别人少一只手。

他的生活好像被锁进时间牢笼，在未来几十年里将无限循环，永远原地踏步。那样的生活就像一个梦魇，纠缠着徐京坤。

他还记得，在国家队时曾遭遇过两次深刻的死亡教育，这让他日后想起时心悸，再不敢浪费一丝光阴，蹉跎这原本就如白驹过隙般短暂的人生。

记得是在海口冬训时的一个下午，他结束训练准备往宿舍走。这时教练招呼大家回去开会，简单总结了两句当天的训练，然后用低低的嗓音说，"丁志英同志，骨癌去世了，"教练略顿了顿又说，"今天下午已经火化了。"

短短几句话，瞬间让徐京坤怔住了。教练说的正是在11月马来西亚远南残疾人运动会上刚刚获得单人艇金牌的队友丁志英，明明前几日还在一起训练，只说病了，要请几天假，这才几日光景，怎么人就没了。

回到宿舍，他一个人躲进厕所里，眼泪止不住地流下来。他也不知道自己为什么哭，是对死亡的恐惧，对一个生命逝去的惋惜，还是什么。然而死亡拒绝一切理解，这是17岁的徐京坤，第一次意识到一个生命的消失如此容易，甚至没来得及道别，就已经被火化。

这是他第一次这么近地面对一个生命的逝去。在此之前，生活中好像从来没有人同他谈论过死亡。虽然他也曾面对过一场爆炸，死神甚至带走了他的半条胳膊，可当时12岁的他尚且无法理解，跟他擦身而过的死亡到底是怎么一回事。

所有的大人也都假装不知道有死亡这回事，仿佛它根本就不存在一样。他们好像约好了似的，在生活中有意识地淡化此事。以至于在此之前，关于死亡，徐京坤都是一无所知。

2008年奥运会前夕，徐京坤又一次与死神擦肩而过。4月28日，北京到青岛的T195次列车，因脱轨造成70人死亡、416人受伤的重大事故，而受伤名单中就包括刚刚在法国比赛完回青岛的中国残帆队的副教练和队员们。

队里派了两支队伍，分别去参加新加坡的双人龙骨船级世锦赛和法国残疾人帆船赛，留了一支主力队伍在青岛，备战5月的奥运测试赛。徐京坤在最后时刻被留在青岛，与那趟失事列车擦肩而过。

这两件事让他对生命的脆弱认知更加深刻，那些日子里，徐京坤开始了最初的关于生命意义的追问。如果人总是要死的，几乎所有的事情：荣誉、金钱、名利、骄傲，甚至恐惧、悲伤，在死亡面前全部都会消失，那人活着到底为了什么，或者说还需要在乎什么？生活和书籍还没能给他足够的经验来理解和回答这样深奥的问题。

但他至少意识到了人的一生实在不如想象般漫长，有的时候跟睡觉一样，眼睛一闭，一睁，一天过去了；眼睛一闭，不睁，这辈子就过去了。

所以他根本没有时间在如此珍贵的生命里，重复别人的生活，在因循守旧的平庸里混日子，不能在肉体消弭前就先让自己的精神死掉。

向死而生是个好方法，假装明天是生命的最后一天，能帮你看清自己的内心所向，到底什么才是你的所求。如此审视再三，他真切地看到了自己心里最放不下的，正是那片蔚蓝之上的一抹白帆。

徐京坤知道自己这一生都无法离开帆船，可国家队解散了，他不知道自己还能以怎样的方式继续留在那片海、那条船上。

如果当下灰茫茫的生活里，尚存有一片让徐京坤自在喘息的天地，便是去参加帆船比赛。2008年冬天，他偶然认识了一位在北京工作的英国人Peter。Peter是一个帆船的狂热粉丝，他俩一拍即合，组建了北京希望帆船队，带着一些户外爱好者去参加各地举办的帆船赛。那两年，他们几乎参加了国内所有的大大小小的赛事，能够回到他熟悉的海上，徐京坤又找回了最快乐的时光。

就在2009年8月中旬，一则新闻让徐京坤振奋，他的老朋友翟墨环球归来了。

在他进国家队的时候，翟墨也在日照的帆船港做环球前的训练。当时对于这位每天独自在船上来来往往的长头发大个子到底在做些什么，京坤知之甚少，只记得他常常来找教练喝酒，讨教些帆船的事儿。

三年后，自己的奥运梦碎了，翟墨的环球梦却照进现实。原来除了奥运会，帆船还有这样的玩法，还可以去跨越汪洋，甚至一个人航行整个地球。

看到翟墨的新闻，徐京坤去搜寻了许多环球航海的资料。他第一次知道了世界上还有艾伦·麦克阿瑟这样的人物存在，还有单人环球的比赛存在。那一个下午，新世界终于向他敞开了大门，那个世界是蓝色的。

"我要去环球！"经过漫长的黑暗里的苦苦寻觅，他终于遇见了自己心心念念的梦想，或者说，是唤醒了早已深植于心底的梦想。梦想跟爱人一样，遇见你就知道对了。

他买了许多远洋书籍，关于海图、天气、无线电、船舶工艺等。虽然从来没有一个独臂船长环球过，但是徐京坤觉得自己做得到，他要去做这件事。

有了目标的他又迎来一段有奔头的小时光，每日都在吸收新的养分，每一天的自己都是崭新的。他知道这个梦想不可能一蹴而就，第一步当然是理论知识的储备，这是当下对他来说最容易入手的地方。接下来要从哪儿开始，他仍旧茫然无措。

在北京外交公寓附近的一个咖啡馆，翟墨请这个远道而来的小兄弟吃饭。饭桌上京坤说:"翟哥,我也想去环球。"跟京坤认识也有三年多了,知道这孩子的脾气,这话既然说出来,必然是他下定决心要做了。听京坤问他有什么能指点的,他说:"先环个中国海。你要能环中国海,就能环球,全球属咱这儿最难(航行)。"

这句话让京坤醍醐灌顶,终于找到了努力的方向。对,他得从环中国海开始,先想办法找一条适合的船,然后开始训练,边训练边去找可能感兴趣的赞助商,这事儿就可以干下去了。

第一步就是必须回到海边去寻找机会,但是回青岛或者日照能去哪儿呢?奥运后漫长的迷惘里不是没有尝试过找工作,问了许多单位,人家一看他是一只手,连谈都不肯谈。管不了那么多,他知道只要迟疑半分,这梦想最终就会在平静安逸的生活打磨下消失得无影无踪。

人生一世,草生一春。生命如此脆弱短暂,化作缥缈微尘无声逝去之前,如果没有如雷似电的一场轰轰烈烈,如何甘心?奔着霭霈奋不顾身而去,哪怕最终只得霖霂,等你老了,也好意思跟子孙说,虽然我非王者,但咱们家的身体里流淌着的可是不会跟生活低头的血。

趁着大好年华,总要为了激荡人心的梦想纯粹地、彻底地拼尽全力一搏。哪怕艰难,也要滚烫。"深夜饮酒,杯子碰到一起,都是梦碎的声音。"20岁的徐京坤,不希望未来自己要带着无限遗憾去诵读这样的文字。

于是收拾行囊,辞别家人,他头也不回地启程,奔向未卜的明天。

第二部分
单人环中国海

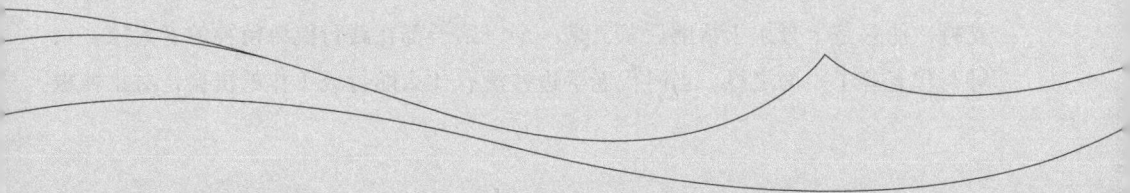

第七章　从奥运旗手到练摊小哥

梦想这个词，不知从何时起成了一个"矫情"的被束之高阁的幻象。其实绝大部分人都曾在年少时发愿，想造一座通往月亮的桥，或是在地上造两所宫殿和庙宇。而经历世事艰难，活到中年，最终会决定搭一个草棚。

每个人都好像沙漏里的沙子，上面是梦想，下面是现实，随着年龄的增长，逐渐舍弃梦想，奔向现实。

徐京坤打算用人生最好的年华做抵押，去担保一个说出来会被人嘲笑的梦想。因为他知道不为这梦想拼尽全力，留给他的将是余生无限的遗憾。

如果生活的尘埃非要把他埋葬，那他就去做一粒种子，积蓄整个冬天的温度，熬到春天，努力发芽。

回到青岛，徐京坤先去找了邵先利老师。邵老师曾担任过国家帆船队教练，也给残帆队上过课，是国际仲裁官，许多年轻的帆船人都曾受教于他。

徐京坤谈起自己的梦想，以及在做哪些准备。邵老开始重新审视面前这个年轻人，以前对他的印象，仅仅是一个上课认真、总爱抓着自己问问题的孩子。从未曾设想过奥运之后，他还能在帆船这条路上走多远。而如今听着他的话，这孩子不仅有了想法，还是不小的想法。

谙熟帆船，尤其是中国帆船的过去和现状的邵老，深知这个梦想的实现有多难，但他没有像其他人一样说出任何打击或劝阻京坤的话。也许当时他还有些怀疑地揣度着，无需他多说，在实现梦想的漫长而艰难的路上，这个年轻人自己就会放弃了。

邵老给他介绍了另一位德高望重的老先生——代志强。代老是中国奥委会委员，也是当时青岛航海运动学校的校长。许多航海人的梦想践行都曾得到代老的支持，他总是十分乐于帮助后辈，是一个一辈子都在践行航海精神的老人家。京坤与代老有了一面之缘，当时代老手边并没有什么航行或工作的机会，对京坤也只是爱莫能助。

这两位老人是徐京坤人生最重要的伯乐，有了他们的鼓励，京坤之后的梦想之路才不那么孤单。但梦想的路终究要他自己来走。

现实的问题接踵而至，他既不能回到没有大海的家里，在青岛也留不下来。偌大的青岛城，并无他的容身之所。在梦想面前，首先要生存。

彷徨之际，想起在日照训练时，有家熟食店的老板，尚算得上熟稔。于是打电话过去，询问是否可以去当学徒，包吃住就行，不要工资。对方思量再三，终于应允。

虽然没有收入，好歹在有海的小城里有了落脚的地方。他说，当时就一个念头，决不能放弃。即使出现最坏的状况，这梦想没有一个人支持，就算一斤一斤地卖熟食攒钱买船，也一定要去环中国海。

一张车票，一条从奥运选手到街头练摊的熟食小哥的路，我无法想象在那趟列车上徐京坤的心情。我问过他，当时并非身无分文，奥运会的奖金足够在青岛好吃好喝待个一年半载，为什么要把自己逼成这样。他说，他的那点儿钱是最后救急用的，万一没有任何赞助商，他得用全部积蓄去实现那个梦，那点儿钱根本不够，所以一分一毫都不能碰。

熟食店的店主，是个孤单的老大爷。那段日子，徐京坤努力将自己放空，不去想未来，每天只拼命地干活和学习。只要一想到未来，那种茫然就好像在伸手不见五指的黑夜里航行，你不知道前面是冰山还是海沟，心里会像被掏空了似的恐慌。

早上五六点就起床，把店里打扫得窗明几净，一尘不染。店里生意并不算好，大爷便从仓库里取了辆破三轮车出来，让京坤上街去卖。徐京坤用一整个晚上，把那辆生满了锈的老旧三轮车擦得锃亮。第二天大爷看了都说，孩子，你不用这么费力的。

他依然每天早起，打扫好店里，给大爷准备好饭菜，再把那辆三轮车擦得一个手印都没有。等大爷到了，就把做好的熟食搬到车上，骑了车出去走街串巷地卖。大爷说，卖掉100块就分你5块，好歹让你有点收入。

我问徐京坤，奥运结束没多久，他不怕走在街上有人认出来吗？"生活没给你别的选择，我不能回家，回家就等于认输了。别人对我说不没关系，我如果放弃，就是对自己说不了。这样的话，我这辈子就永远没有再谈梦想的资格。"

他说，那时通常会找到一个路口，就停下车。有人买就做生意，没人买自己就坐在车旁读课文背英语，完全沉浸在自己的世界里。身边的车水马龙好像都不存在，那一点点国家队队员的骄傲和虚荣都被他踩在尘埃里。记得好像还被谁拍了发在当地论坛上，称他为"最励志熟食哥"，于是每日特意来寻他买熟食的人倒也不少。

在街头的那些日子，尽管他总是在心里告诉自己不会永远这样的，总有一天会回到海上的，会实现自己的梦想，但是生活里却连一点儿希望的影子都没有。他依然在日复一日的油腻里混沌，毫无出头的曙光。

有时候他觉得他就像被老天爷丢进沙漠的旅人，每当快要渴死了，就会得到几滴水，看还能走到哪里去，能演绎怎样的故事。这一次，在黑漆漆的无望中，老天爷又给他戳开一个小洞，那脆弱的光亮透过来，徐京坤没有错过，拼命地奔了过去。

8月中，翟墨环球两周年纪念，到日照办摄影展，一起来的还有代老。那时的徐京坤，无处诉说自己的梦想，他的生活与帆船彻底隔绝了。一个天大的火球似的秘密藏在心底，没日没夜地灼烧着他。

忽然来了一群船上的人，他终于可以开口诉说，可以跟外面的世界建立联系，让他们知道自己的梦，让自己知道外面的讯息。于是，他像祥林嫂似的，拉住每一个人，一遍遍地讲着自己的计划。他说自己正在寻找各种机会参加帆船训练，积累经验。他恳请这些人，假若有什么比赛或远航的机会，一定叫着自己。

第二天，京坤正在店里干活，许久没人打过的电话忽然响起来。京坤赶紧接电话，竟然是代老。"京坤，有个好消息告诉你，联想队要找一个熟悉青岛海况的队员一起跑市长杯，你要不要一起？"还没等代老说完，京坤就说："我去，代老。"内心的喜悦几乎要沿着电话线烟花似的爆炸出来，他毫不犹豫地答应了。

现在，京坤常常困扰于应接不暇的赛事邀约，工作太过忙碌，许多比赛都不得不回绝。而于那时的京坤而言，这场比赛是一个回到海上的机会，一条载他离开孤岛的船，他怎么敢放手。

如果他的生活好似一条沉船，那他打定主意，即使乘着救生筏，也要跨越眼前这片汪洋。

第八章　再坚持坚持

辞别熟食店的老大爷，"我得回去比赛了。"这样的一句话里，有着小小的骄傲。他一定无数次想像过，对大爷说出自己并非注定在这熟食店里度过一生，他其实是个帆船运动员，他的命运在海上。

大爷十分喜欢这个能干的孩子，一再挽留。看他执意要走，就给他结了150块的提成，嘱咐他如果干不成海上的事，就回店里来接着干，这回给他开工资。

回到青岛，比赛结束后，徐京坤再次面临同样的问题——没有落脚的地方。虽然代老也会问京坤住在哪里，但他只是含糊其词地说住在朋友家。其实那时候，他睡过大街、车站，甚至医院的输液室。

医院是最好的去处，好歹有个避风的椅子。但去早了怕被护士发现，只得后半夜了再去，睡几个小时，天亮前就走。这样的曲折是今时今日的我难以想象的。他完全可以用几百块钱租一个房子，不必让自己吃这种苦。而那笔用于梦想的积蓄，他却不敢浪费在这些上面。

那个时候他已经开始找船，找赞助商了。不认识什么人，就直奔去相关单位敲门，谈自己的计划。人家说你连个成型的方案都没有，就这么空口白牙地说可不行，找赞助也得有个计划啊。

只有初中毕业的他，从来没写过什么活动策划案、商业计划书，对政府和企业有什么遣词的区分，一点儿也没有概念。他就上网去找，一点点模仿着写，写好了送给邵老，请他帮忙审，有什么不当的地方再反复改。那段日子他自己写了上千份累计几百万字的方案，如今回忆起来，他常常说他自己都难以想象是如何被逼出那样的能耐的。

无论是找政府的相关部门还是各家企业，无一例外都被推脱或是拒绝，连一点点婉转的客套话都没有。

居无定所，梦想无着。如果说老天爷是根据每个人承受痛苦的能力给他量身定做磨难，徐京坤有时候会想老天爷是不是高估了他。

在最艰难的时候，一个玩帆船的餐厅老板高君收留了他，让他晚上在店里的包房住。但毕竟是餐厅，要等午夜过后客人散了，才能睡下，没有铺盖，和衣而眠。

那一天是徐京坤22岁生日，他想起自己19岁的生日，是残奥会的比赛日。镁光灯下，奥组委给他准备了蛋糕，一群记者围着他问他生日愿望和比赛感受。如今自己一个人窝在一家餐厅的包房，未来缥缈，一时五味杂陈。未来在哪里，梦想有希望吗？这些疑问一格格涌上心头。

这一刻的他终于醒悟，当你还没有出去看世界，还没有踏上实现梦想的第一步的时候，你的踌躇满志根本不是梦想。而当你看清了世界，当你明白梦想是多难实现的时候，你才会明白什么是真正的梦想。

他知道自己决不能退缩，这条路是自己选的，就算跪着也要走完。即使感动不了任何人，如果这世间真的有神，神会看到他的努力，会给即将渴死的他再洒下几滴水。就凭借这几滴水，他一定会坚持到梦想实现的那一天。

在包房里住了一段日子，高君大哥提议京坤不如在店里做点工作，有几百块工资，还可以住到宿舍去，一直这样睡地板也不是个办法。这于当时的京坤而言，不失为一个好的选择。

店里的客人大多是帆船圈里的人，也有不少工作生活在青岛的外国人。高君大哥时不时地会帮京坤引荐一些朋友，尽量带他参加一些航海训练。他们总是很乐于给京坤出主意，每次京坤讲到最近遇到的问题，他们就会说你可以去找找这里，或者可以怎样试一试。这些建议有时会让京坤茅塞顿开。

那段时间，夜里经常一两点才下班，京坤要连夜写好给第二天准备拜访的企业的计划书。店员早上9点起床早餐，而不到7点徐京坤就已经出门去打印方案了。带着资料一家企业一家企业去找，一个部门一个部门去谈。有些会接下方案，说几句客气话，然后再没联系；有些则会直接拒绝。

为了省钱，他尽量少换乘公交车，能步行就步行，不能步行争取一趟车搞定，剩下部分再步行。然后他必须在十点半上班前结束拜访赶回店里。他知道自己的例外让店里的其他员工颇有非议。

但是老板高君也是航海人，对自己多有照顾体谅，从中斡旋担待了许多，这让他颇为感激。下午两点午班结束，又会有两三个小时的休息时间，京坤就又可以出去拜访了。有时急着出门连午餐也吃不上，一直饿到晚上，一天只吃这一顿。

几年前京坤跟我讲起环中国海之前的故事，我尚无法理解那些艰苦。此时我忽然意识到，那时的他才22岁啊。大部分22岁的年轻人还被父母供养着在大学校园里无忧无虑地学习、恋爱、玩耍呢。而他在此之前，一直在国家队，出门有领队、有教练打点好一切。忽就被扔进这样的境遇里，好似漫长漆黑的夜，少有人在乎他是谁，少有人愿意或者能帮到他。他的一技之长是帆船，可是连回到海上都成了奢望。

生活有如被扣在一个巨大的夜幕下，连星星都没有。曾经繁盛的希望，巨大的奥运光环，嗖的一下就从他的生活里溜走了，不留一丝痕迹。就像是给做错事的孩子的严重惩罚，可是他到底做错了什么呢？

除了梦想和毫无依据的自信外，他一无所有，但仍然相信一切会从这里开始。好像因为眼里心里都被这个梦想占据，所以别的东西就变得不那么重要：面子啊、疲惫啊、衣食住行啊。而且他一直相信，当下的种种不过是一种考验，他的梦想一定会实现，或早，或晚。

那时有个在青岛工作的澳大利亚人Mark，是道友船帆在青岛的生产商。Mark人长得圆圆的，脸上总是带着笑容，一点儿也看不出曾经是沃尔沃环球选手的矫捷刚毅。

Mark常去店里，京坤最喜欢跟他聊天，无论请教他什么，他都会立刻收起平日的嬉笑模样，特别认真地分析解答。他见证了京坤梦想的萌芽期，也为后来道友与梦想号更多的故事打下伏笔。

还有为博纳多帆船工作的法国人Loic，跟Mark一样都是忠贞不渝的航海发烧友。他俩和高君大哥经常组队一起去各地参加大帆船赛，也总叫上京坤一起去，他们都知道这是京坤现在最需要的。

那段时间，几乎遇到每一个认识的人都会问问人家，有没有远航的机会，有的话请一定叫上他。"帮帮我，这是我的梦想，请一定帮帮我。"这大概是那时徐京坤说得最多的一句话。

据说当你真心想去做一件事时，整个世界都会联合起来帮助你，可是事实并不是这样的。那一个冬天，好像是过去22年来最冷最漫长的一个，京坤带着准备好的方案去拜访每一个他觉得有希望成为赞助商的企业。一次次地去相关部门，希望得到一点支持，可是冬天就快结束了，还是毫无进展。

那天青岛刮着呼呼的北风，徐京坤走到奥帆基地门口，不知前路在哪儿，心情沉到谷底。就在这时，代老打来电话，询问计划的进展。听着京坤说起自己的困境，代老说："孩子，别气馁，干点儿事儿哪儿那么容易的，再坚持坚持。"听着代老的话，京坤眼泪唰就下来了。

徐京坤说，他一辈子都记得代老的这句话："再坚持坚持。"实现梦想的过程就像是唐僧取经，要经历九九八十一难。有的人坚持到第十难、第二十难，甚至是第八十难，就放弃了，永远也见不到梦想的真实模样。

他在后来的日子里，每一次非常艰难，觉得前面无路可走的时候，就想起代老的这句话，再坚持坚持。说不定这就是第八十一难了呢，说不定过了今天，明天就走到梦想跟前了呢。现在放弃，之前所有走过的路就都白费了。

尽管这样鼓励着自己，到了大年二十九，第二天餐厅就要放假，员工们都要回家过年了，他的计划还是没有进展。如果春节前找不到船，第二年秋天出发的计划就肯定没希望了。本来就几乎没有人信任他，如果日程再不能按照计划执行，就更难有进展了。

徐京坤眼睁睁地看着自己的梦想就要破碎了，那巨大的悲哀向他袭来，带着足以击垮他的力量。

或许是这样的故事结尾潦草得不合上天的心意，命运再一次抛给他一根满是荆棘的缆绳，绳子的另一端拴着一条希望的小船。

第九章　垃圾堆里捡出的"梦想"

这世界上，似乎有一些冥冥之中的相遇，注定绚烂彼此的生命，就像这条船和徐京坤一样。他说，"这条船是我的救命恩人，我也是她的。没有她，我的梦想就注定破灭，从此以后回到山里，度过年复一年的旧时光，再不敢提任何梦想。而没有我，她就会一直躺在船厂的废品堆里，任凭风吹日晒、雨淋霜打，等待有一天彻底变成垃圾被抛弃。"一个做梦要回到海上的水手和一条受伤离开大海的船，他们终于相遇了。

第一次把京坤和那条船联系在一起的，是一个曾对他的计划感兴趣的地产商，说起自己曾有过一艘小船，算起来都25年的船龄了，这船后来送给了朋友，而这个朋友京坤也认识，就是他国家队的教练苏里，不过听说那艘船似乎已经报废了。

大年二十九那天，眼看着路似乎已经走到尽头，毫无希望可言了，徐京坤决定死马当活马医，还是要亲眼去看看那条船。电话里教练劝他，"那船都在厂里放好几年了，啥都是坏的，肯定不行，你看了也白看。"徐京坤一再央求让他先去看看再说，教练也不好再劝阻。

赶去崂山的船厂，见到船的一刻，京坤心里凉了一半。那船当时的状况十分狼狈，被丢在角落里，上面又是锈又是冰又是灰，已经分辨不出原来的模样。龙骨都是断的，爬上去看看，船舱内都是黑色的冰和泥，绳子、索具都风化了，好像轻轻一碰，就会灰飞烟灭一般。

京坤说，当时看着眼前的船，他忍不住一遍遍问自己，这船真的行吗？自己真的能把她救回来吗？然而他其实并无任何其他选择，他知道如果这个梦想流产，不但别人将再难给他信任的机会，连他自己还会不会有勇气继续梦想都难说。

于是那天下午，他提了篮水果去医院见教练。"教练，我把这船修好，加上远航设备，全套的帆，都弄齐了，好好再……"他觉得自己好像又回到了当初在国家队，为了争取上船训练的机会而去找教练恳谈的那天。跟那时一样，他太需要这条有可能拯救他岌岌可危的梦想的小船了。

他从来不是善言的人，只能原原本本地把自己心里想的一股脑吐出来，但是任谁都能轻易懂得他的焦急心思，大约就是看透了他对于梦想的执着。教练最后没有把这道希望之门关死，只说，你先弄弄看再说吧。

　　虽然不是一个肯定的答复，至少也没有完全拒绝。就这样徐京坤大年初二，就来到船厂。工人都还没回来上班，偌大的厂子空荡荡的，只有那条船蜷缩在角落，迎接着它未来的船长。徐京坤盯着她许久，心里默默地说，伙计，咱们就这么走吧。是生是死，一起闯一闯。

　　触礁，龙骨断裂，船体有破损，丢在这里两三年。别说她满身伤痕，就算是一条全新并且装备完善的船，24英尺，差不多7米长，对于环中国海这样的远航行程来说都实在有些小。

　　而且J24这个船型是场地赛船，根本不是为了远航设计的。船上什么远航设备都没有，何况已经25岁了，修复的可能性微乎其微。有朋友来看，一看到这样的船况就摇头。

　　但徐京坤始终相信船是有生命的，他觉得自己能唤醒她，或者说他必须唤醒她。作为一条船，她一定也有着未完成的航行在蔚蓝之上的梦想吧，他们要一起去实现。

　　徐京坤把船略做清理，晚上就睡在船舱里。正月里的青岛，夜里冷得人发瘆，船体万年寒冰似的凉，鼻子、脸和手脚冻得都没有知觉，头皮一阵阵的麻。

　　船厂的老板邹志看这个年轻人不容易，总是对员工们说，能帮就帮他一把。维修工作越深入，发现的问题就越多。损伤龙骨修复、关键部位加固、船底漆涂刷、舷外机检测、护栏强化、内仓粉刷等，好像有永远也解决不完的问题。为了能按计划3月底下水，徐京坤恨不得自己能生出三头六臂来。

　　他的呼吸道当年被爆炸灼伤了，一到换季或者空气温度有变化就会咳嗽。而打磨船体那几天，半封闭的船舱里弥散着各种有毒的粉尘和玻璃纤维，让他吃尽苦头。他那脆弱的呼吸道根本承受不住这样的粉尘密布的船舱，呛得他止不住地一直咳。越咳吸进去的就越多，越难受，隔一会儿就不得不钻出船舱透透气。

　　整个人被粉末包裹成白色的雕像一般，身上针扎似的又痒又疼，眼睛被刺激得血红血红的。抬头望望天，蓝天白云都变成了紫色，又发疯般地旋转着。整个小船好像陷进暴风眼，只要稍微松懈，整个人就要倒下去。用力眨眨眼，深吸一口气，再回到令人窒息的舱里继续工作。

　　船舱再也没法住人了，他只得出去寻住处。看门的大爷见这年轻人淳朴憨厚，便说我家里倒是有一间空房，200块一个月，就是没有厨房。后来那空荡荡的小房间，成了在寒风中工作一整天的京坤最温暖的避风港，终于不用在夜里被一次次冻醒了。

　　为了控制预算，伙食上他不得不更节约。在烧水的壶里放上挂面，煮好了拌上盐、酱油和市场上买来的咸菜。一周三包挂面，5块钱咸菜。咸菜贵不舍得多放，就多放些盐就着。

不去市区办事的时候，一天吃两顿。假若这一天去市区办事，公交总是要花钱的，那么就只晚上回来吃一顿。没有荤腥，挂面不顶饿，常常觉得饥肠辘辘。

"嗨！朋友们，今天继续向大家分享我们的最新进展。今天是忙碌的一天，直到现在我才刚刚回到我的住处。有句话叫披星戴月，我就是看着今晚的月亮回来的。呵呵！不过每天都很开心！"

这段话取自徐京坤那时的博客，那一天他马不停蹄地见代老、邵老，谈论计划的进展。见潜在的赞助商、法国的技术顾问Loic，谈活动合作的可能和航行建议。再回到船厂去看船只修理状况，跟技师探讨整修方案。夜深了，空着肚子回到住处，煮了面就开始写博客。

每天的生活都是单调而疲惫的，但是你可以从他的记录中看到满满的快乐，似乎每一个清晨都是带着满满的希望降临的。

大约希望总是与绝望相伴而生，每一次劫后余生的欢喜总是在走过了荆棘密布的险滩后才终于遇见的。就在他疲于繁重的修复工作时，又一处险滩将他困住——前枙索发现一处严重裂痕。

而这条二手的J24是国外整船引进的，不知道国内哪里有工厂可以制作配套的前枙索。最好的办法当然是从国外定做，可这样做必然花费不菲，以当时京坤的财政状况，无疑是雪上加霜。那些日子，他几乎问遍了所有朋友，每天在绝望与希望间辗转。

似乎可以想象那一段时光里的他是陷在怎样浓墨似的暗夜里，一个人面对所有好似看不见尽头的工作，而这些工作又很有可能是毫无意义的。也许这条船终究活不过来，再也回不到海上。跟这条无望的船一起陪葬的，还有那刚刚见到一丝光亮的梦想。

大约没有人在黑暗里不迷茫，他也一样。"一个人住在崂山一个小船厂里，几乎每天像疯子一样忙碌，与生活脱离，失去了所有联系，甚至好像开始被人遗忘。"徐京坤这样写道。

但即使是现在，谈起那段时光，他仍然十分怀念。他说，这一生大约都不会再有那样的时光了，每天工作十几二十个小时，吃着盐水拌面，窝在一个阴湿狭窄的小船舱里生活，可是那么充实，那么有奔头，那么快乐。

每一天都是新的，每一天的自己都是有进步的。如果说他这一辈子有什么值得骄傲的时光，应该就是那段日子吧。为了一个梦想，放弃所有，执着地努力。

第十章　大家的梦想号

厦门飞鹏集团的总经理留典芳老先生是一位极有情怀的老航海人，曾一直试图促成飞鹏的船只赞助。知道了京坤的困境后，定做了一条新的前桅索，还赞助了一套前帆卷帆器，帮徐京坤解决了大问题。

2012年4月12日，比原计划晚了一个半月之后，在船厂老板邹志的帮助下，这条垃圾堆里捡回来的小船终于从船厂运抵奥帆基地，停在青岛航校为徐京坤免费提供的泊位上。徐京坤开始了期待已久的训练。

关于他的训练，后来卖房买船带着一家人去航行的翟峰这样记录：徐京坤掉转船头，用一根绳子固定住舵把，放开前帆，船随风缓慢转向。他跳到桅杆旁（就是用跳的），身手敏捷，是我看到过的最灵活的水手。扯绳，挂帆扣，噼里啪啦的，以很快的速度升起主帆。帆船像一条大鱼活了过来，之前在岸上沉默寡言的小徐也活了过来。人船合一，完全感觉不到他只有一只手臂。"

其实翟峰是抱着一探究竟的心态开始青岛之旅的。他在网上关注徐京坤很长时间，看着他找到旧船，逐步修缮，得到器材赞助。这么顺利有序，难道不是一个人在做，背后有团队支持？翟峰总觉得越是高调宣传艰难励志的，越不真实。

但真的见到徐京坤和他的小船后，他十分诧异："这条小船，才7米来长。船舱低矮，在里面直不起身子，移动只能半跪半爬。就这么小的空间，他竟然已经在里面生活了几个月。"

"他是我见过的最励志的人，目的明确，信念坚定，思路清晰。船上摆着航海、气象类的书籍，手机和电脑里都是英语学习资料……"

除了来访的翟峰和我爱航海网的洪站长，徐京坤大部分时间都是自己在训练。而除了训练，他一直期待能让更多市民，尤其是残障人士来梦想号上体验航行的快乐。他觉得授人以鱼不如授人以渔，许多残障人士，最需要的不是短暂的物质帮助，而是教他们拥有一颗坚强的面对生活磨难的心。航海无疑是个好选择，航行教会给他的，他也想分享给别人。

无奈船只隔三差五地经常出现问题，单人停靠码头又割伤了脚。徐京坤不断提醒自己不能再受伤，否则会耽误原本就很紧张的日程。可是越怕什么就越来什么，几日后竟又受了更严重的伤。

　　那天晚上，有位船长看京坤总是一个人干活，便上前帮忙。天已经全黑了，京坤怕拖累人家太久，手上动作就逐渐加快。割绳子的时候，一个不留心，那把锋利的瑞士军刀就插进了膝盖。他怕耽误人家还得送自己去医院，就坚持着没说，干完活儿，硬撑着把人送走。

　　仔细查看，发现膝盖伤口处都已经露出骨头。一瘸一拐地去医院缝针，没打麻药，疼得肌肉都抽搐成一团。缝完针已经半夜，京坤又一瘸一拐地走回船上，烧水煮面，吃他今天的第一顿饭。欲速则不达，越是着急越出问题。京坤知道自己必须一步一步来，可是想到秋天出发的计划，心里的火止不住地烧。

　　眼看船修整得差不多了，可是船上的电子设备还没有着落。他询问了不少厂家，但价格不菲。是租用、买二手的，还是买一部分新的，他一直在寻求更可行的方案。

　　一筹莫展的时候，一个人给他带来了意想不到的好消息，将他从困境中解救出来。厦门欣祥的老总陈毅东，通过青岛展会上的一面之缘，了解到徐京坤的梦想，敲定了赞助他全套雷达通信和导航设备的事，并从此开始了绵延至今的友谊。

　　后来，京坤跨大西洋的时候，陈总主动打来电话，询问还缺什么设备。品牌赞助一半，他自己再出一半，这让孤军奋战在异国他乡的徐京坤感受到自己背后那些温暖的支持。

　　尽管有了设备，徐京坤却仍旧要面对许多问题。一艘24英尺的场地赛船，船上并没有预留任何改造空间。要安装这些设备，小到一个开关都需要认真设计，既不能破坏原船的结构稳定性，又要具备适航性，大家都说这是不可能完成的任务。何况京坤对于电路知识并不很懂，只能通过阅读相关书籍来边干边摸索。码头上的一位老电工，在旁边盯了这孩子个把月，真是被他的"蛮劲儿"打动了，时不时过来帮把手。

　　生活给他许多的"不可能"，他还给生活许多的"不得不"。自己琢磨、请教，了解他梦想的人也来帮忙。就这样愚公移山似的，竟然把这奇迹般的改造完成了。

　　"今天终于为梦想号完成电路改造工作并首次通电。当看到航行灯和导航设备亮起来的时候，真的很奇妙，像是获得了新生，一天的疲劳也烟消云散。"没有经历过那样的失望甚至绝望的洗礼，他大约永远也不会体会到希望的喜悦。

　　徐京坤说，一直努力学习的英语在他梦想的孵化期起到了不小的作用。最迷茫的那段时间，常跟餐厅里来喝酒的外国人聊起他的梦想，在青岛工作的这些外国友人成了他最初的支持者。

　　道友帆厂的中国区老板澳大利亚人Mark，曾经是个十分有天赋的水手。当时京坤还没有去找他，他就主动表达了要赞助梦想号船帆的意向。京坤记得，那天他在店里干活，餐厅老板高君进来一拍他，"兄弟，你船帆有了，Mark 说他给你。"这个消息无异于给了京坤一份大礼。

后来跨大西洋的时候，京坤的帆旧得不能用，去找 Mark。Mark 二话不说，就问什么时候要。虽然我们说他们是赞助商，京坤认真地把品牌 Logo 贴在船上醒目的位置；但其实，和 Mark 一样的许多帮助过京坤的人，从没有按照商业规则去质询他能给怎样的品牌回馈，只是单纯地甚至可以说不求回报地在支持这个年轻人的航海梦。

克利伯的芬兰号船长英国人 Robert，以及美国水手 TC，在卷帆器系统的组装上给了他不少指点；美国人 Rick 送了他一个旧的太阳能板和一些御寒衣物；拥有一艘 50 尺双桅仿古帆船的瑞典人 Paul，把船上换下来的 GPS 和雷达送给京坤使用，作为定期去帮他维护船只的回报；为博纳多游艇工作的法国人 Loic 给了他不少航行建议；另外一位生产三体船的法国人 Cyril 帮他联系了卡佛品牌，后来卡佛为京坤赞助了全部配件……

京坤每日都在为回到海上而忙碌，大约是他的执著太过强烈，终于制造了扭曲现实的力场，越来越多的人愿意为了这梦想出一把力。慢慢地，徐京坤一个人的梦想在变大，这条船似乎开始承载着越来越多人的梦。

那天下午，宋坤来船上看徐京坤，聊进展，临走死活要留下点钱，让京坤给小船换块新电池。京坤一再拒绝，宋坤说，"京坤，这可不是你一个人的梦想，你也是在替我们许多人实现梦想啊。"

这句话，给了京坤一个悬而未决的问题的最好答案。从遇见这条船起，他一直想着给这条小船起个什么名字。一路走来，他曾得到许多人的帮助。每每感谢，对方总会说，谢谢你替我们实现梦想。

徐京坤说，许多人说他感动了他们，其实是那些人感动了他，梦想的力量感动了他。这是他第一次深刻感受到，原来梦想于每个人而言，都不过是暂时藏于疲惫生活罅隙的珍宝。那些梦想之光从不曾熄灭，只是静静等待着同路人，迸发出火花。

所以，他把他的小船起名叫"梦想号"。这梦想，是他的，也是他们的。

在经历了近 7 个月的船只修复改造和近 5 个月的训练后，徐京坤终于觉得自己和这条船都准备好了，决定 9 月中正式出发。

然而似乎这般珍贵的梦想还觉得尚未跌宕圆满，还需三灾八难，才肯给他一个光明的出口。出发前最后一次安全检查中，又一个噩耗敲醒了他的美梦。

之前修补好的龙骨断裂处，外沿部分的玻璃纤维似乎与船体脱离了。请了不少专业的朋友来看，谁也不敢保证里面的龙骨没问题。

　　现在只有两条路，要么放弃这条船，再寻找其他可能；要么彻底拆除龙骨检查，重新修复。在一切人力、物力齐备的条件下，至少需要一两个月时间才能修复。到时候即使龙骨修好了，错过了秋天，今年也走不成了。仅有的一点儿资金很难再支撑一年，梦想危在旦夕。

　　14个月、400多个日日夜夜的艰苦努力，只为了那一个梦想。就在最后一刻，一切却好似忽地化为泡影。

　　徐京坤，再次陷入茫茫黑暗中，看不见渡船，也看不见彼岸。

第十一章　给你伤是为了让你强

　　歌德说，不要怀有渺小的梦想，它们无法打动人心。而单人环中国海航行这个让徐京坤心潮激荡的梦想，却成了说出来就注定被嘲笑的妄言。

　　或许人们嘲笑的从来不是梦想，而是你实现梦想的实力。

　　几乎每一个听到的人都是否定的态度。亲近的人会当面劝，别去冒这个险，搭上性命不值得；不熟悉的人背地里冷言冷语地嘲讽几句，那个不知天高地厚的山里人、穷小子、残疾人，竟然想环球，想环中国海，这也是他能做的梦吗？

　　都说不被嘲笑的梦想不值得被实现。有一个人对你说不，你理直气壮地说我可以；有两个人对你说不，你依然毫不犹豫地说我可以。但一百个人对你说不，你遇到的绝大部分人对你说不，你还可以说得出我可以吗？你还有足够的勇气坚持下去吗？会不会某一刻开始怀疑这个梦想，甚至怀疑自己呢？

　　我问过徐京坤这个问题，他给我的答案是，从来没有怀疑过，因为从来没有奢望过这梦想可以一蹴而就。但我仍然能感受到大多数时候这些否定不可避免地让他感到情绪低落，甚至陷入更深的孤独中。

　　孤独似乎是每个人的人生里都必不可少的一部分，只是程度因由各有不同罢了。实际上，他成长的每一个阶段都是被孤独包围的。一个人在体校的夏日奔跑，离家后在省队、国家队为了主力位置艰难挣扎，16岁就开始了自顾自地生长。面朝黄土背朝天的爸妈并不懂得他在经历什么，也无从分担和分享，航海这个名词对他们而言实在太过遥远和陌生。

　　正如龙骨的问题，没人能给他百分之百的保证。螺栓到底有没有问题，他只能自己再三检查衡量。最后亲吻了一下梦想号，给出一个郑重的祈愿，"伙计，我们一起闯一闯吧！"他还是决定出发，也许会失败，但不能连试都不试就缴械投降。

那天下午，在船舱里打完待办事项表的最后一个钩，徐京坤知道自己可以出发了。并没有太多人可通知，打电话叫了发小猴子来送他。在猴子眼里，这绝对是一趟生死未卜的旅程。如果可以，他其实是想劝说京坤不要出发的。猴子完全不懂航海，但他却是徐京坤唯一能托付的人了。

起航前最后的晚餐，吃得五味杂陈。徐京坤永远记得那一夜的奥帆基地，月亮和星星都躲了起来，整个码头像被按了暂停键的悲剧弹幕。黑漆漆的墨色里，除了风吹动索具撞击桅杆的急奏，再没有别的声响。

这样的夜大约是徐京坤见过的最落寂清冷的一个吧。故事里壮士出征该有的锣鼓笙箫，竟然全是骗人的。这偌大的码头，只有猴子一个人坐在对面，面前摆了两个京坤炒的小菜，早已经凉了，还没人动筷子。猴子有许多话想劝京坤，又知道劝了也没用，只好长叹一口气，继续沉默。

京坤心里也是个中滋味一言难尽。努力了这么久，明天就要起航了，心底那一丝守得云开见月明的兴奋竟然被掩埋得寻不见踪影。比这兴奋更充盈内心的是不舍、担忧、孤独，是一些莫名的悲壮，还有"今日一别，此去经年"的决绝。

平复思绪，徐京坤拿出手机，把重要联络人一个个抄给猴子，嘱咐他："我万一失联，别害怕，海上失联很正常。如果超过24小时，也先别慌，联系代老、邵老，你不知道该怎么办，就请教他们。"说到这儿，京坤用力咳了两声，掩饰自己有些哽咽的嗓音，"千万别先通知我爸妈，让他们跟着担心……"

听着这些话，猴子的眼眶红了。他知道明天出发后，这个兄弟的命一半交给了梦想号，一半就交到了自己手上。而海上的狂风巨浪、暗礁渔网，只能他一个人去面对，谁也帮不上忙。

那一夜徐京坤翻来覆去难以入眠，总是觉得还有许多事没做完，恨不得把船翻过来再检查一遍才安心。实在睡不着，天不亮就起床做出发准备了。

黎明前的奥帆基地，除了风和海浪在流动，安静得好像被世界隔绝了一般。徐京坤拾起船上的绳索，抬头望望港池外的海天线。再过一会儿自己就要一个人去那儿了，也不知等待自己的是什么。或许会有归航，或许没有。他甩甩头，让自己打消这个念头。这么久的训练和准备，不只是为了出发，更是为了归来。

他去洗了个脸，给自己刮了胡子。接下来不知道几天才能到港，希望自己干干净净地起航。正往船上走，就遇见拎着粥和一袋子油条走过来的代老，后面还跟着几个人。

"代老，您怎么来了？"徐京坤笑着迎上去。

"京坤，还没吃早饭吧？赶紧吃点儿。出海早上必须吃点粥，胃里舒服。"代老边说边把手里的食物递给京坤，又从包里掏出一个平安符。"我昨天去天后宫，给你求了个平安符，一定要带上。"徐京坤赶紧一并接过来，连声谢着。

代老回身把一个外国人拉过来，给他介绍。原来这人正是史蒂芬·纽曼——吉尼斯纪录保持者、徒步环游世界第一人。纽曼9岁时，因一张世界地图有了徒步世界的梦想，28岁他将梦想付诸行动。

"想要去看一看当今的世界是否还是一个充满爱、充满激情的地方，想看一下这个世界是否还如马可·波罗和弗朗西斯·德雷克爵士那个时代一样充满浪漫与冒险。"这个世界并没有让史蒂芬失落而归，来到中国，他遇见了另一个梦想者。他用脚步丈量大地，这个梦想者用小船扬帆蔚蓝，对梦想的执著都是相通的。

京坤摸摸这儿，又看看那儿，一刻不出发好像一刻就不放心，总想再检查一遍。代老说，咱们8点18再走，图个吉利。

"前后缆准备……准备就绪……解缆……5，4，3，2，1……起航！梦想号起航！"

在代老那一声声口令中，2012年9月18日上午8点18分，徐京坤和梦想号终于开始了践行梦想的征程。为了这一天，他已经努力了三年。在一千多个日日夜夜里，寒冷、饥饿、疲惫、无助、沮丧、孤独，以及夹杂在其间的小小的成就感和欢喜，给了他太多太多一辈子都不会忘记的生命体验。

"京坤，加油！京坤，加油！"岸上传来猴子撕心裂肺的呼喊，打断了徐京坤的思绪。他没有转身，生怕一回头，心里的百转千回就会呼啸而出。他僵直着后背，强迫自已看向远方，而那远方早已浸在一片水雾迷蒙里，无从辨析。

受台风影响，海面仿若一群刚刚捞起的鳗鱼，激烈地向着天空的方向翻动跳跃，好似要逃脱身下那片墨似的深海。这艘7米多长的小船就像飞鸟身上飘落的羽毛一般，在浪与浪的罅隙间摇摆辗转。

岸上的人渐渐变成了一个个小黑点，徐京坤才敢转身回望这个待了几个月的故乡码头。猴子在堤坝上疯了一般地跑着，"京坤……早点……回家……"一句句带着哭腔的呼唤破碎在风里。

身后的城市在一点点消失，眼前是一望无际的黛青色的海面和天空，没有一处出口可供逃脱。"回家"和"出发"两种巨大的声音像洪水一般向他袭来，在他的脑海里掀起滔天巨浪，把今早难得的平静搅得无影无踪。

直到这时，他才敢让眼眶里的泪水毫无顾忌地掉下来。尽管这是自己想要的梦想，可是出发的这一刻，他好似一个即将失去故乡的游子。他知道从这一次的作别开始，就再也没有回头的路了，梦想号将成为他汪洋之上唯一的故乡。

我问徐京坤，你在海上害怕吗？他反问道怎么可能不害怕？"害怕为什么还要出发？"他说，"我觉得，勇敢不是不害怕，而是害怕还要去做。"或许即使双腿打颤，也要坚持着迈出那一步，才是前进的唯一方法。一旦被恐惧攫住，它就会拼尽全力不让你变成更好的自己。

后来每当有人问他在海上如何坚持，如何对抗恐惧和寂寞，他总是说一直往前走，直到你再也看不到回头的路；或者前行和回头要走的路一样远的时候，就可以了。

如果说人生最大的遗憾就是放弃了不该放弃的，坚持了不该坚持的，那么多年以后回想过去的人生，你最想感谢自己的，就是没有放弃那些不该放弃的，坚持了那些该坚持的。放弃不过是途径，坚持才是方向。

这一遭环中国海的航行，如今再谈起，于徐京坤而言已然算不得什么难事，再也体会不到当初离开青岛码头那般生死未卜的悲壮心情。然而如果没有当年的起航，大约他也永远成不了今日的徐京坤。

他永远要感谢那时候的自己，身后没有万家灯火，身前只剩白雾茫茫。他没有彷徨踟蹰，大胆地往前走去。

给你惊雷，给你滔滔，给你狂风，给你潇潇；给你饭糗茹草，给你蓬户桑枢，给你衣褐带索，给你被发跣足；生活给你这千般伤万般苦，都不过是为了给你一个机会变得更强大，结过痂的地方才不容易破。

为梦想颠沛流离的人有千千万，从不缺你一个。但一直走下去，你才可能成为那个不同的存在。

第十二章　最骄傲的错误

许多年后，回忆起这段环中国海的岁月，如同人生中那层层叠叠的往事一般。当时的月色周折、错落星火，大约都已经逊色。只有曾遇见的人间温情，能够跨越时光，将记忆烘烤得馥郁馨香。

那些经年的遇见就像凡·高说的，尽管有的人路过只看见了烟，但总有那样的存在，他们看见了你心里的那团火。走过来，陪你一起，后来就有了一切。

大连是环中国海航行离开家乡后进入的第一个港口。这座北方城市，向徐京坤敞开了无比温暖的怀抱。低温、逆流、浓雾和无风区，这所有的所有，都在到港的那一刻被悄悄地抚慰了。

薛大哥送来防碰球，杨船长带来自热米饭，董师傅、赵师傅捎来电暖气，还有从上海赶来的帆友世鹏，死活塞些钱补贴船用。初次相见的朋友，每一个都似故交。

那是个中秋节，月亮在偏僻的宇宙里想必也笑得肆意，张得圆亮，寻不见一个恰当的词来形容。仪景、丽魄、望舒、霄晖似乎都不够味儿，思来想去，唯有千里烛尚有半分意思。

怕他一个人孤单，薛老准备了月饼和好酒，房先生带上全家老小，不过2平方米的小船舱里，昏黄的灯光下，笑语欢声绕梁不去，原本陌生的城市，不再陌生。

后来聊起大连，他总是说特别感谢这里的朋友，赠予他如此慷慨的善意。走在追逐梦想的路上，受到越来越多的关注和支持，有时候他会突然失眠，害怕辜负了支持的人；有时候他会后悔，竟然连一声感谢都没来得及说。再苦再难都没什么可怕的，最怕对不起这些人的情分。

告别这新识的温情，徐京坤向旧日的缘分起航。日照是十分特别的存在，人生的许多重要回忆，都曾在这里发生。

17岁离开家乡来到国家队，日照就像是一扇通往新世界的大门。他说从宿舍到码头，两公里的海滨大道，天际线遥远而生动，每天都走得欣欣然。在这里他第一次看见真正的大海，第一次知晓原来还有这样美好的世界值得他为之奋斗，梦想的种子大约就是那一年的海风送到他心里的。

奥运过后，迷茫不知前路的他因日照号环球归来而激起了自己的环球梦，为梦想蛰伏于日照街头，沉湎于烟火的熟食小哥又因日照号照片展的契机，听见了大海之上飘来的久违的呼唤。

驶向日照之路，再一次毫不吝惜地赐予了他成长，或许疼痛，却弥足珍贵。

重逢的路并不容易，在成山头海域遇到杀人浪，险些将他打下海去。过崂山头时，风力不断增大，浪峰被风吹碎，海面泛起白色泡沫，好像每一片白色下面都隐藏着可怖的怪兽。

70多个小时的风浪，极度的困倦，让他出现了幻觉，常常觉得有大船撞过来，或是船下有礁石，吓得赶紧转向躲避，后来发现只是虚惊一场。徐京坤一路上靠不断地大声唱歌来让自己保持清醒。

风向变换频繁，为了保护梦想号不受伤，不得不常常调帆。腰疼得要命，有时候躺下去就很难爬起来。浪越来越大，船晃得厉害，终于驶进日照万平口世帆赛基地的时候，人已疲惫不堪。

人与城市的缘分，同人类之间的连接一般无二，言语从来不能将情意表达出千万分之一。但是这一刻再会，便把过去时光里百转千回的心情刹那间唤回心底。然而这跋涉山海的重逢，并没有给徐京坤带来欢聚，随之而来的是一次关于分别的诘问。

为了能把老旧的梦想号修复成一条具有远航能力的小船，在梦想开始的初期，徐京坤风雨不误地一家又一家去敲门递方案，希望能找到支持，让这奄奄一息的星火不至于就此飘零。

再次回到日照，徐京坤接到一个电话，有家企业决定给他提供赞助，但条件是船名必须换掉，梦想号将不复存在。

听到这个消息，他心里非常难过，却又不知该如何诉说。听说新的船贴已经做完了，就等着他亲手撕下船头的"梦想"两个大字。那天晚上徐京坤喝得酩酊大醉，美国朋友老 Rick 急得直骂他："你不能这样做，XU，这是你的梦想啊，所以才叫 China Dream！"

他总记得，冬日里的初遇——垃圾堆里灰头土脸的梦想号，还有除了怀抱梦想，一无所有的他。与世隔绝的船厂里，好像跟整个社会都脱节了，只有梦想号记得他。

从有梦想号开始，梦想号从来不是他只在光明里相随的影子，而是最黑暗的时候，陪他一起等天亮的存在。

那些没有人相信他的日子，梦想号是不离不弃的陪伴。那些孤寂的夜里，梦想号是一盏暖暖的小黄灯，是徐京坤关掉月亮也想要珍藏的美好。那画面裹挟的温度，是经年都不会忘却的绵绵。

从青岛起航的那一刻起，梦想号不仅成了他永恒的故乡，更是汪洋之上，唯一收容他的一小块陆地。他把他的命交在了梦想号手中，从此只有他俩同舟共济。

他的每篇船长日志，从来不是"我"到哪里了，永远都是"我和梦想号"如何如何。时至今日，环中国海已经不是一个人的征途，而是他和梦想号一起的故事。他总想着，等环完中国海，他要把她妥善收藏，细心安放，绝不让她再被遗弃。

第二天早起，他给帮忙联络赞助的前辈发了个文字信息，没等回复就关了手机起航离港，并不期望自己的这一点儿固执的小坚持能被理解。

我曾一再追问拒绝这笔赞助的理由，他也只是反反复复地给我讲述那些梦想号陪他走过的日夜。他说，当初努力地寻找赞助，是为了这个计划不要夭折。现在梦想号已经在实现梦想的路上，新得到的赞助最大的作用是改善他的生活，让他接下来的路上不用再吃冷水泡面，到港可以去家小旅馆洗个热水澡，跟当初能够救活梦想号的最后一根稻草的意义已然不同。

他总觉得接受这笔赞助，好像就是为了自己物质的享受而背叛了梦想号，背叛自己当初想要环中国海航行的初心。同时觉得这也是一种妥协，妥协于别人给他的判决。

曾有许多人问他，为什么想环中国海？也有人觉得他是想要名、要利，才会去做这么疯狂的事。面对这些疑问，他的内心是充满困惑的。他不过只是想要环球航行，打算从环中国海开始一步步实现梦想。他不懂，如果真是为了名利，哪有人会选这么辛苦又危险的路。

出发时，他对梦想号说，我带你一起走，也一定带你安全回来。如今路才走了一半，怎么能就将你丢弃。梦想号是他给她起的名字，梦想号早就是她该有的名字。她就叫梦想号，别的什么名字都不对。

她陪他走过漫长的路，他便一定要一路带她走到终点，绝不放手。在他心里，梦想号已经是爱人，是兄弟，是家人。这朵飘进他生命里的云，倾吐雨水也掀起风暴，但黄昏天空里的色彩同样也因她而来。

那天出发后，碧波万顷，又剩下他跟梦想号两个。这一刻徐京坤感到从未有过的轻松，他说，环中国海有两次起航，青岛出发是一次，日照出发是第二次。好像就是从这一天开始，他抛却了一切束缚，以及过去一年里积压的种种不甘、愤懑、抗争，真真正正开始享受这趟航行，享受他和梦想号的海上时光。

眼前恍惚出现的是那日梦想号的公益航海体验。上船的人中有一位行动不便的农民歌手厉大哥，说为了来梦想号做客，特意买了新运动服和运动鞋。自己这个土生土长的日照人，活在海边半辈子，还从来没坐过帆船，也没有从海上看过自己的家乡呢。

还有因为工业事故失去右臂的李业军大哥。2008年他爱上骑车，本打算骑行中国，但是想到路上可能遇到的艰险，害怕自己坚持不下来。再加上身边朋友的"开导"，他的梦想渐渐就消弭了。李大哥说，体验完梦想号，又让他想起了自己的梦想。这次他一定要付诸行动，决不让梦想仅仅停留在脑海中。

一路走来小心播下的种子，好像正在慢慢发芽。那些玻璃似的梦想，躺在地上或许看不见，只要捡起来稍微对向太阳，就能发出光芒万点，照亮此岸与彼岸。

日照出发后的航程并不顺遂，他第一次在海上启动A级安全预案（风险预案中的最高级别，随时做好救援准备）。那天夜里11点左右，风力开始大得可怕，接近40节，只有在国外极限帆船赛事的视频中才能见到的滔天巨浪就在眼前。

他说，当时真的有点害怕，不敢想象一条25岁的近岸赛船，如何能承受住如此恶劣的海况。收起前帆，把主帆也缩到最小，即使这样，船速还是高达12节。梦想号就像是一头发疯的公牛一样难以控制。

七八米高的巨浪如同一堵堵坍塌的墙砸向徐京坤，海水湿透了衣衫，脸像被打过一般火辣辣地疼。如果不是做了准备，把自己牢牢固定在船尾，说不定早已被推到海里去了。他只能集中所有注意力，小心控制船的角度，避免再与巨浪横向相遇。

熬到第二天晚上，强风终于有了减弱的迹象，但海上温度仍旧格外低。雨一直在下，阵风频吹。又湿又冷，又困又饿。虽然四十多个小时没合眼，但至少他能感觉到自己还活着。那一刻，仿佛整个人都变成了无边无际的蔚蓝，睫毛和指尖上，无数的星辰栖息于此。

庆幸梦想号竟然安然无恙地闯了过来，他不断拍打着梦想号的船体说："坚持住，老伙计！干得不错，宝贝！"他相信梦想号是有生命的，这家伙似乎也能感应到他的呼唤，在水面上轻盈滑行。

尽管凛冬并没有散尽，星河也未曾长明，但梦想号如同徐京坤的一只翅膀，跨过山海余生，历尽世间劫数，尝遍人生百味，依然陪在他身旁。

让他有机会相信生活里，总有不期而遇的温暖和生生不息的希望；相信没有不可治愈的伤痛，没有不能遇见的远方；相信那些路途之上的坚守，从来都只是让你骄傲的"错误"。所有失去的、错过的、遗憾的，或许都会在未来的某一天，以另一种方式归来。

第十三章　环中国海遇"死神"

潮湿冰冷的海风和海水像针一样侵入他的每一个毛孔，常常觉得下一秒自己就要被冻死了。

除了难吃的单兵作战口粮和方便面，海上最好吃的一顿饭是饿了26个小时后，伴着雨水吃下的已经凉成一坨的起航时朋友送的饺子。

每一次去前甲板调帆，为了不被甩到海里，只能一只手扶着船舷，用有旧伤的膝盖跪过去。长时间用右手掌舵，肩膀的旧伤一直反复发作。

但这许多的困难，都不能将大海带来的喜悦时光的美妙减弱半分。在成山头水道逆风逆流航行时，一只蜜蜂陪他度过了整个跟海流对抗的时光，"我时不时地摸摸它毛茸茸的身体，小家伙也不害怕，竟然没飞。"

"告诉你们个秘密，我还给它唱歌了。我想我们俩此时的感受或许有些相似吧。面对自然的时候，所有生命都是平等的。"后来还有苍蝇、蝴蝶、海鸟、海豚、星星等不少朋友，同他一起度过了不孤单的时光。

其中有一个月夜，是他念念不忘的。每每有人问起航海的美好，他便拿出来讲一讲。那是从大连出发北上丹东的路上，农历八月十六，那一晚的月亮是他这辈子见过最美最亮的，好似巨大的探照灯悬在空中，在海面上投射出一条灿烂的黄金水道。梦想号就一路航行在这道金光里，整个海面安详如银湖，光亮如白昼，月光驱走了令人恐惧的黑暗。

他在月光下哼着歌，写着日记，打开洪哥送的自热米饭，发现里面藏了一张贺卡。那祝福在月夜里闪着微光，清晰地刻在他的心上。如果说单人航海是一封漫长而动人的信笺，那么这样的月夜大约就是这信笺上最美好的三五句。因了这样的字句，航海人阅读大海，于风浪之上描绘帆影，沉溺不悔。

岸上的联络人猴子，无法感受京坤在海上承受的饥饿、寒冷与疲惫，亦无法想象他所遇见的巨大欢喜。他体味最深的，就是每一次京坤失联的担心与恐慌。

从大连出发南下，日照海事局发布了大风预警。刚刚通过几次邮件认识的日照体育局申局长让猴子通知京坤提前进港避风，他却二十几个小时联络不上人。丹东航道狭窄，逆流强劲，又没有引航船，船上电力将近枯竭，京坤失联。台湾海峡入口处海浪异样，实际风力远远大于预报。京坤说自己状况不佳，然后又开始杳无音信。

猴子说，自己真的是把上帝、真主、佛爷等各路神仙在心里求了个遍。除此之外，不知自己还能做点什么，才能帮到远在海上孤身一人的徐京坤。

在环中国海航行的所有濒死体验里，他只与我提及过台湾坠海的这一次。那是在去厦门的航程里，第一天他就注意到手表上的气压计开始迅速下降，风向、风力变化十分频繁。他知道这不是好现象，大风恐怕就要来了，赶紧打了一通电话。猴子说天气预报海面状况很好，接下来风力也不大。

凌晨2点多，他被捕渔船的拖网钩住了。当时风力很小，帆船的机动性非常差。渔船上的驾驶员显然没有注意到梦想号，等徐京坤发现的时候，已经无力回天，小臂粗的缆绳拖着浮球呼啸而来。

"砰"的一声，绳索划过龙骨挂在了船舵上，开始以5节左右的速度往后拖行，巨大的撞击和拖拽力使船舱不停地进水。徐京坤发狂地向渔船大喊大叫，就像雏鸟掉落树杈前那一声哀鸣，充满了对死亡的愤懑。

如果你也目睹过那片海水、那个夜晚的恐怖，或许便不会惊讶人类如何能发出这般撕心裂肺的吼叫，仿若不是从喉咙里发出，而是从心底里连血带肉地喷薄而出。

可是这样激荡的海浪，轰鸣的机器声里，他的声音实在太微弱了，微弱得好像森林里一只大象脚下的蚂蚁。尽管蚂蚁付出全部气力试图让大象止住脚步，然而那庞然大物将它生的希望覆灭时，于大象而言甚至是无声无息的。

渔船根本听不到徐京坤的声音，他不得不燃放了求救用的火焰信号弹，这才终于让那条还在前行的渔船停了下来。距离温州湾50海里的水域，密密麻麻都是渔网，铺天盖地，根本找不到出口，周围全是闪光的灯标，好像没有尽头的迷宫。浪越来越大，好像在跟渔网密谋合力撕碎梦想号。徐京坤知道没有时间再犹豫了，必须立刻下水去割渔网。

单人航海领域，最可怕的事情就是人船分离，因为在恶劣的海况里很难回到船上。即使冒着船只被毁的危险，也建议船长待在船上，或者及时释放救生筏自救。

但梦想号不仅仅是他的船，更是他最亲密的伙伴，是在没有人认可的漫漫夜路上陪他一路同行的兄弟，他绝不能把梦想号留在这片海上。

虽然他深知下水有多危险，可能会被渔网缠住拖下去，可能摇晃的船体会撞击他的头部让他失去知觉甚至丧生于此，然而大海没有给他原地徘徊的机会，他必须这么做，带梦想号一起回家。这是出发时，他给梦想号的承诺。

安全带的长度不够水下作业，他只好解了带子，临时用船上的绳索把自己和船只相连，防止回不到船上。尽管如此，仅靠一支在水里冻得几乎麻木又带着旧伤的右臂爬回垂直一米高的船上，还是用尽了身体里最后一丝力气，躺在甲板上久久无法动弹。

然而考验才刚刚开始，后半夜船又被困住，他不得不再一次下水。海浪像吃人的巨龙纠缠着梦想号，摄像机也在挣脱渔网的过程中损坏了。

精疲力竭地逃出渔网阵，风力又开始不断攀升。虽然一再缩帆，最后干脆全部收起帆，只使用面积不到2平方米的暴风帆，但航速仍高达14节，再一次刷新了梦想号的速度记录。

浪开始变得奇怪，虽然不高，但忽长忽短极不规律，梦想号处于失控边缘。乌云压在头顶，整个海面漆黑一片，看不见尽头的黑暗里不知道藏着怎样的危机。

徐京坤又给猴子打了两个电话，让他再次确认天气信息的来源。猴子大约没有意识到问题的严重性，说都找了不少人看，确实预报状况很好。往前走，风会更小，不用担心。

他挂了电话，知道已经不能全听预报信息，得早做准备了。他把船上的物品重新做了固定，尤其是可能救命的救生筏。海上安全设备对于远航尤为重要，出发前碍于预算，原本想买一个旧的，后来幸运地得到了上海星星橡胶厂的赞助，才有了如今这一个，好在直到环中国海结束，他都未曾用过它。

他本来准备再往前冲一冲看看状况，结果天黑后，风力还在不断快速攀升，梦想号一直在发出各种声响，好像随时都要破碎了一般。徐京坤常常幻听到一声巨响，他的梦想号那脆弱的龙骨就断裂了。

这还只是处于台湾海峡的北部入口，风力已经如此。如果继续前行进入海峡腹地，海况将会更加恶劣，更何况是夜间航行。恐惧像魔鬼一般蛰伏在徐京坤的身后，如那可怕的巨浪般随时要将他和梦想号吞噬。

他赶紧查看海图，寻找避难港口，可是附近除了一个小黑点，什么也没有。这个小黑点没有关于它的任何信息，也许是块礁石，也许是个小岛，他不得不赌一把。如果小黑点的背风面风力有所减弱，就抛锚避风，否则就继续航行。

一个顺风转向，往小黑点的方向驶去。茫茫的夜色里什么也没有，徐京坤甚至开始疑心那个黑点不过是海图上的一斑污迹。就在心底的最后一丝期待要破灭的时候，竟然发现远处有点点光斑，萤火虫大小，却给了他艳阳般的希望，此时此刻他实在太需要一个避风港能救救他和梦想号了。

想象着水底可能出现的可怕的礁石，随时会将梦想号脆弱的龙骨折断，心真的是提到了嗓子眼。已经晚上九点多了，在漆黑的夜色里忐忑前行了个把小时，终于望见不远处锚泊着一条大船，徐京坤仿佛看到了生的希望，心里悬着的巨石总算落了地，略微放松了些，自己和梦想号终于得救了。殊不知，另一场危机正在酝酿中。

就在他试图将绳索连接到大船上固定梦想号的时候，一股阵风袭来，将梦想号向远离大船的方向吹去。徐京坤试图抓住大船，可是1.8吨的梦想号，力量实在太大了，他的手抓在大船上，脚还在梦想号上，就这样被两条船架空，掉进了冰冷的海里。

京坤会游泳，如果这时往岸边游，总不至于溺水。但是眼瞅着梦想号被风浪带着越飘越远，他知道一旦飘出去，就此便要与他的梦想还有他的梦想号永别了。

国际惯例是救人不救船，即使自己游上岸，岸上有人也不会出海去救梦想号。自己必须赶紧抓住它，跟梦想号待在一起，死也要死在一起。徐京坤本能地往梦想号游去，试图重新爬上船，可是靴子里都是水，航海服也湿透了，身上好像有千斤重，努力了一次又一次，无论如何都爬不上去。他绝望地呼喊着："救救我的船！"

或许是天救自救者，大船上值班的人竟然听见了他的声音，抛了一个连着绳索的救生圈下去，把鬼门关口的徐京坤和他的梦想号拉了回来。

记得看过一个调查，大部分有过濒死经验的人，在最后一刻想到的都是许多

"如果"：如果我当初如何如何，今日或许便不会怎样。

提起环中国海路上的几次濒死考验，徐京坤却对我说他从未想过如果，只因他这二十三年的短短人生里，实在每一桩的遇见都是值得感恩的，每一个选择都是当下自己能做的最好的选择，每一个机会面前自己都用尽了全力。虽各有成败，却实在没什么可遗憾的，这样的人生一切都是自己所选所得，再活一次，仍旧如此。

徐京坤在我采访过的航海人里，算不得经历最传奇、成就最卓越的，但他给我的答案却常常出人意料。譬如，他是唯一对我说，远航是为了回家的航海人；譬如，他是唯一对我说，他也会害怕、也会孤单的挑战者；又譬如，他是唯一对我说，他是对过往生活没什么可抱怨、可遗憾的人。

原来，生活哪有什么完美，只要你过的生活全然是你选的，那便是你的完美了。你呢？你当下的生活，是自己选的，还是被迫过着的？

第十四章　误闯台湾省军事基地

死亡，拒绝一切理解，它不似季节更替，可以周而复始。它是一次，也是永远。

昨夜就像一场过于真实的噩梦，试图爬回梦想号，全然凭着本能。今天医生说右臂拉伤太严重，大约半个月也抬不起来。徐京坤甚至想不起那夜的挣扎到底有多激烈。

冰冷的海水将他包裹着，海底好像有一只手一直往下拉。眼睁睁看着梦想号往那一片混沌的海里飘，一点点离自己远去，死神已经紧紧勒住了他和梦想号的脖子，好像再多一秒这一切就结束了，永远结束，不会有重来的机会。

关于死亡，也不是全然未曾料想过，在心里也演练过不止一遍。可是无论想象过多少次，真正触摸它的时候，还是会被那可怕的冰冷与黑暗震慑到。

在过去的日子里，每一次梦想走到绝境，老天爷似乎看到了他的坚持，总会再赏他一个转角，看他还可以走多远。而这一次，如果没有这个小岛，他必死无疑。虽然找到小岛，如果没有那位值班的人恰巧在这一刻出现并施以援手，他也必死无疑。徐京坤开始猜疑是不是老天爷在给自己提个醒：这一次先饶过你，再往前便是真实的死亡了。

之后的许多个夜里，他都会在梦里又回到那个晚上。他从未曾想象过，同死亡的第一次照面竟是如此这般。被海水包围、淹没，那种沁骨的冷就好像被死神触摸了脊背，每一个毛孔都打开，散出一层层的汗珠来，整个人都失去了温度。

听到呼救声的往岛上的队员，从停在码头边的巡逻艇上跑出来，向正飘向港口外的京坤抛了一个救生圈。因为离得太远，第一次并没有成功，第二次才落在了京坤的身旁。

徐京坤如同看到了救命稻草一般，用左手的断臂勾住抛下来的救生圈，同时右手死死抓住梦想号的船尾护栏不肯放手。直到闻讯赶来的士兵拉住了梦想号，徐京坤才终于用尽最后一丝力气，把深深勒紧护栏的手松开，瘫在水边再也动不了。

此刻的他知道，梦想号安全了，自己也终于得救了。港口外沸腾的海面和挥舞着镰刀的魔鬼，已然被隔离在了另一个世界。

一个在附近钓鱼的人来帮忙，同值班的士兵一起把他搀起来，拉到岸上。京坤大口喘息着，手止不住地发抖。那钓鱼人递了一杯热水，说："兄弟，喝杯热水，暖暖。""赶紧吃颗槟榔，也许能好一些。"京坤只管接过来扔进嘴里，也不知道究竟是什么滋味，整个人尚且惊魂未定。

他隐约听见对讲机里传来声音，大约是那士兵联络总部，说是来了个大陆人云云。那士兵通完电话回来，点了一支烟，递给京坤。他依然顺从地接过来，一口一口地抽着。其实他是个从不抽烟的人，也许这样才能让他相信自己还活着吧。

记得后来好像来了几辆军车，一群人围过来，说了什么也不记得，只记得闪光灯晃得自己眼前白茫茫的一片。京坤这时刚刚缓过神，心里暗自念叨，"坏了，这里原来是台湾岛！看来这事越来越复杂了。"

恍惚间被带到一个驻军部队模样的地方。他们看京坤浑身是水，嘴唇发紫，整个人冻得颤抖，先安排他洗了澡，还给他泡了碗面。墙壁上钟表嘀嗒嘀嗒的声音格外嘈杂，京坤抬头看了一眼，已经凌晨1点了。旁边几个军人看他略微有些生气，就开始"审讯"，京坤也就一五一十把自己的遭遇和他们讲了。

12年前，魏军船长等5名航海人曾经驾驶这条J24穿越台湾海峡，本不准备靠岸，就想远远看一眼台湾，便返回厦门，并未进入任何军事禁区。但他们仍被截扣，在台湾监狱中熬过了248天马拉松式的审讯，才得以返回大陆。

而徐京坤落水的这一处小岛叫东引岛，是台湾马祖防区最重要的军事基地。岛上安装了雷达和导弹，有一个加强旅驻守，是绝对禁止靠近的军事敏感区。

不知该说是天救自救者，还是该艳羡他的好运气。岛上的人大约知道他所言不假，努力跟上级申请，不但未做非法入境关押，还意外地让劫后余生的他收获了温暖的善意和力量。当地的议员和红十字会专门去看望他，有关领导不但让京坤在岛上自由活动，甚至还带他去了隐藏在防御工事里的部队医院治疗，安排房间，让他与队员们同吃同住。

东引岛是一个特别宁静的小岛，人不多，人们的生活也十分简单。偶尔一个人走在海边，除了海浪熙来攘往的声音，再无别的响动。好像世界空无一物，又好像听得见万物的声响。

站在海边，仿佛被融进了这海天一线。徐京坤说他没有去过天堂，当时只觉得如果真的有天堂，应该就是这般模样吧。刚刚跟死神打了个照面，如果死了就是留在这样的美好里，似乎也未尝不是一件好事，那是他经历的最安宁的时光。每到清晨和傍晚，整个小岛就会响起悠扬的乐音，海雾升起，如梦似幻，让人更加贪恋生命的美好。

后来有一天晚上，留下值班的一名队员跟京坤有一搭没一搭地聊着他海上的际遇，还说起台湾和大陆间的时事政治。他忽然问，"徐兄弟，你喝酒吗？"京坤开玩笑回答说："我们山东人，不喝酒都不吃饭的。"那名队员一听来了兴致，告诉京坤说"你等着"，就出门去了。

不一会拎了两瓶58度的东引高粱酒回来。虽说盘飧市远无兼味，只得樽酒盛旧醅，两人却越喝越高兴。原来那队员的祖辈也是山东老兵，后来去了台湾。虽两岸相隔，却还是留着许多乡音乡味抹不去。两人关于少年、家乡的记忆观感，竟有许多相投之处。不知不觉月落日升，酒已尽，话却未完。

队里人都知道了这山东汉子能喝，有时带了他去岛上的居民家里，东引高粱酒、台湾啤酒，还有自己泡的药酒都招呼上。经过几顿大醉，大家都成了好兄弟。大家开车陪他去山顶看海面那泛着白沫的巨浪，纷纷劝道，"徐兄弟，命比什么都重要。我们找人帮你把船运回去，你快回家吧。"

面对他们的好意相劝，京坤竟然一时不知如何回答。那几日，他正面对前进还是后退的自我拷问。一个才23岁的年轻人，这一次的濒死体验给他的震撼教育实在太大了。他还没找到一个逃脱死亡震慑的出口，和对拒绝生命渴求的充分的理由。事情的转机，发生在孩子们来过之后。

听说岛上来了条帆船，东引小学的20多个孩子和全体老师都跑来参观。他们第一次见到帆船，叽叽喳喳地围着船长问这问那。"你一个人不害怕吗？""你怎么吃饭？怎么睡觉？"孩子们的眼神真挚又充满好奇，就像刚爬出树洞的小松鼠，探头探脑地瞧着，这让徐京坤不禁想起自己当初的模样。如果不是天气不好，真想带他们去航行一会儿。临走时，孩子们你一袋糖果，我一板巧克力，纷纷要送船长礼物。徐京坤一再拒绝，他知道对于这个物资匮乏的小岛，这些零食肯定都来之不易。同来的老师请他一定收下，这可是孩子们给"英雄"哥哥加油的方式，请他一定带上孩子们的祝福，一起去实现梦想。临走时，京坤对孩子们说，"我将来一定要开着更大的船回来，带你们去体验一下扬帆的感觉。"

大约为了兑现给孩子们的承诺，也为了出发时的那同一个理由，徐京坤决定再次起航。虽然乔布斯说，记住你即将要死，但其实死亡比想象的要更漫长一点。

这个季节，这里的东北季风盛行，全岛都会封海。当地有句谚语，意思大概是说，一周只得一天平，一天只有半日晴。而这里距离厦门还有200多海里，京坤需要至少连续两天的好天气，才能闯过去，而这几乎是不可能的。但他还是跟梦想号说，"伙计，咱们继续走吧。"

离开的那天，港口里的渔民纷纷前来送行。岛上出动了舰船，给他护航了十几海里，才在扩音器里喊，"徐兄弟，一路保重，有时间再来做客。"那祝福声久久萦绕不散。

从有航海术开始，人类便因航海而开始了更广泛更亲密的交往。收藏好人类最本初的善意，大约就是航海最原始的意义吧。徐京坤再一次踏上一个人的星辰大海，带着小岛人给他的满满力量。

第十五章　相比失败，更怕后悔

我想衡量勇气的真正指标或许从来不是你是否真的实现梦想，而是无论遇见多少次挫折，都能重新站起来。于徐京坤而言，环中国海其实有三次出发，一次在青岛，一次在东引岛，还有一次便是去西沙永兴岛的那一次。

到达三亚，原本是整个环中国海航行胜利在望的最后一站，徐京坤却怎么也没想到，最后这200海里的航程会变得那么遥远。到三亚时，已经是12月末。每年强劲的东北季风会一直持续到3月，而且去西沙的航程，全是逆风航行，这么小的梦想号，再加上一个脆弱的龙骨，风险实在太大了。尽管心急如焚，徐京坤也不得不耐下心来等天气转好。

结果一等就跨了年，心里的焦急无法用言语形容。台湾海域落水加剧了肩膀的旧伤，长时间的航行腰伤也发作了。心里不断给自己打气，一定要坚持到从西沙回来才行。

结果又突发了阑尾炎，在医生的建议下做了切除手术。不知是因为环境潮湿还是什么原因，伤口迟迟不愈合。手术8天后，依然没有好转的迹象。但天气预报显示这两日的风略小些，是难得的机会，徐京坤还是决定试试。

哪知才过了锦母角，风就开始不断攀升，海浪像一堵墙一样向他劈头盖脸地砸过来。腰上有血一点点渗出，他知道伤口肯定撕裂了。

风浪还在继续增大，梦想号就像一片飘零的树叶，随着波浪起伏。徐京坤虽然无比渴望继续航行到达西沙，给梦想号和自己一个完美结局，但他也清楚，这样的风浪里逆风航行下去，梦想号可能就会永远留在这片海里了。对于一条已经25岁，龙骨折断过的24英尺的近岸航行的老船，实在太难了。

出发时，他曾经对梦想号许下诺言，他要把它平安带回家。他俩一起走过了2500多海里的路，他不能在这儿把它丢下。尽管不知道下一次能出发的天气何时到来，但他不得不返航。

那一日的船长日记，徐京坤提及或许自己该考虑放弃了。他说，"当人们在面对一些强大的力量，强大到足以摧毁你一切意志的时候，我们不得不选择放弃。放弃有时候很难，有时候很简单。难在于自己的心理，简单在于你真的无能为力。"

他甚至开始安慰自己，不如把西沙当作那被咬了一口的苹果，留下一个美丽的悬念，化作新的动力。

梦想号难道真的就这样结束了吗？第二天醒来，徐京坤看了看天气，尽管还是如昨天那般莫测，但他仍打算闯一下。相比失败，后悔才是最可怕的。他说，"如果因为害怕就不去做，会失去生命中的许多精彩。"

去西沙最危险的就是要经过几千米的海沟，一旦海况恶劣，连锚泊的地方都没有。两日与风浪的奋战，虽然伤口感染了，好在梦想号依然坚强。

离永兴岛只有几十海里了，天上悬着一轮硕大的圆月，就好似去丹东那晚的一般。想想环中国海的最北端和最南端的两处尽头，都遇到这样美好的月夜，冥冥之中好似一种呼应，让人感慨万千。

月光下的北礁海沟美得好似仙女的眼瞳。她醉人的蔚蓝，虽然汹涌的波涛毫不掩饰地展现出大海的磅礴力量，但这一切仍让徐京坤觉得美妙至极。

远远地看见永兴岛灯塔的微光，海上的风过了这一两日的窗口期，马上又要肆虐起来。若不能靠港，这样的天气并不足以让徐京坤安全返回三亚。经过漫长的沟通，终于得到许可："梦想号，梦想号，这里是永兴岛话台，允许你停靠永兴岛2号码头，我们会给你灯光指引"。

京坤说，他不知道该怎样描述当时的心情。曾经无数次设想过抵达终点的那一刻，大约会放肆地笑，也允许自己流几滴泪，脱光衣服跳进南海，然后声嘶力竭大吼出自己的悲喜，直到再没有力气。

可当这一天真正到来时，没有兴奋，也没有悲伤；不想跳，也不想吼。他只是微微地弯了弯嘴角，连日暴晒，嘴唇裂开了一道道口子，稍一拉扯，就渗出血来。

梦想号一靠岸，部队的参谋长就在码头等着了。"徐同志，你好！我先带你去医院处理下伤口。"医生处理着他腰上已经发炎的伤口，参谋长又说："你非常幸运啊，一般我们永兴岛是绝对不允许民用船只靠近停泊的。"徐京坤点点头，"我知道咱这儿是军事重地。您放心，我决不给咱部队添麻烦。过两天大风过了，我就走。"

参谋长将他安排住下，嘱咐他明日恢复气力后，可在岛上走走。将军林、博物馆、纪念碑、日军留下的碉楼、法国人留下的别墅，这岛不大，景点却不少。

那一晚，就像每一次远航到港的第一天一样，整夜的梦里，自己都在毁天灭地的滔滔巨浪里翻滚，整个世界都淹没在水幕里，没有港湾，没有出口，没有尽头，只有头上悬着一轮躲在乌云背后微微散出金光的小小的太阳，暖着那阴漆漆的一片混沌。

梦了，醒了，复又陷进梦里，也不知那是梦还是真实。早晨起来，浑身粘腻咸涩，许是汗，许是梦里的海。

第二日，海上起了大风，岛上却因林木繁茂，树下竟是微风怡然。从北京路走到海南路，摸摸收复南海的纪念碑，瞧瞧博物馆里西沙最大的砗磲，一切颠簸好似都留在了昨夜的梦里，眼前的平静治愈着他。

夜里警卫员带着京坤去了岛上的唯一一家餐馆，吃了三沙渔民钓的烤野生小石斑鱼，至今想起来，都是回味无穷。

徐京坤常常提起西沙的"玻璃水"，即使已经去过地中海、印度洋、加勒比不少海域航行，那一处的澄清碧蓝却是他第一次见到的，美得就像初恋一般难忘。

他总是说，这世间的每一片海都有独属于自己的蓝，他未曾见过任何一片海可用另一片海来形容或想象。安达曼蓝、塞舌尔蓝、布列塔尼蓝，以及西沙蓝，各有各的不同，各有各的美妙。

这似乎就是他最初站在起航线的理由。世界很大，一个一穷二白的山里孩子，生活里全然没有新的希望，想出去看看，寻找点什么，找什么他也不知道，在路上总会遇到些什么吧。

环中国海于徐京坤而言，最大的意义便是在那么年轻的时候，给了自己一个坚守住梦想的经验。从此以后，让他更有勇气和底气梦下去。他的生活自此打开了一扇大门，任何天马行空的想象都不再被他自己斥责和禁止，"可能性"是多么美好的词汇。

除此之外，便是来自这世界的善意吧。他常常与我聊起大连，那是环中国海的第一站。就好似一个美好的预言，如果这一站是冰冷的，之后的每一站都不敢有温暖的期待了。

还有厦门给了他让梦想得以延续的最初的支持，深圳给了他家一样的温暖，在三亚遇见了许多良师益友。京坤总是说，真的特别感谢他们，让他在每一个陌生的城市里，从来没有孤单过。

原本出发前，所遭遇的无数的质疑和指责，一定程度上刺激到了他，让他的起航带着一丝丝战斗欲。而随着航行渐远，他感受到越来越多的关心和帮助，越来越多的善意，他开始变得平和、理性，航行也变得更加纯粹。

这一路的遇见中，有一对夫妻对他而言意义非常大，除了给他上了一堂生动的"爱情"课，也成为他后来的梦想最坚定的支持者。徐京坤说大约正是因为在三亚遇见了哥哥、姐姐这对夫妻，学会了什么是爱，所以冥冥之中，注定了他会在一年后三亚的沙滩上遇见自己一生的爱人。

夫妻俩原是多年好友、合作伙伴，姐姐被查出了乳腺癌，不敢和家里人说，一个人在医院里坚持治疗。手术要家属签字，哥哥说，"我来给你签。""你凭什么签？""我娶你，不就有资格签了？"没有鲜花、钻石，或是一群人的嬉闹围观，就是病床边的一句真心话，手术前几天，两个人就相携去领了证。姐姐不是没有迟疑过，做了化疗她不能再有宝宝，她让哥哥想清楚，她不想他被道德枷锁绑架，生活是一辈子的事。

后来的故事很美好，姐姐的手术很成功。我遇到他们的时候，姐姐的身体已然恢复得很不错，而哥哥仍旧保持着照顾她的各种习惯，随身给姐姐背着热水、外套、舒适的鞋子。你看他谙熟的动作，那些照顾早已无声地化为生活的每个片段，无须特别经心，便悄然流淌而出。

这对夫妻是我见过最恬淡的一对，身上总散发着与世无争的豁达，同怎样的人都聊得来。曾陪他们一起去旅行。波尔多的夏日，煮了茶，各自看各自的书，门外的热浪里知了恼人地叫着，姐姐身体弱不能吹空调，哥哥便陪着她，流着汗，静静坐着。我在那一刻懂得了相守的意义。

就是这些在路上遇见的美好的人，给了京坤的航行最美好的回忆。若还有什么意外的收获，便是这一路梦想的播种了。日照的独臂大哥重拾失落多年的梦想——单车环游中国；舟山的老武大哥在60岁花甲之年买了自己的第一艘船，开始了自己的远航；台湾东引岛的小朋友也开始向往外面的世界了。每一站的市民体验，不只让越来越多的人通过梦想号了解了航海，更重要的是，看着这个年轻人一步一步走过自己的梦想之路，他们也想起了自己曾经的梦想。这些大约都是徐京坤在梦想起步之初，未曾料到的。

我们常常抱怨当下的社会梦想缺失、信仰缺失，其实自己又何尝不是那将梦想弃如敝屣的一员呢？梦想本身并不必伟大或神圣，只有付诸实践的那一刻才会变得神圣。

徐京坤博客里最后的结语写道："我不得不承认有梦想是一件幸福的事情，而完成梦想就像一次重生。"面容、身材、家境、天赋等等，世间各人皆有自己的造化，并无公平的可能。这世界留存最后的公平，人约就是梦想从不抛弃苦心追随它的人。

徐京坤迎来了最初的梦想最完美的结局。

第十六章　没有伞的人要学会奔跑

在三亚海滩边的椰林里跑步，太阳才露出半张脸，海面静得像画一般。徐京坤觉得此刻站在海边看到的，同在船上航行时看到的并非同一片海，几个月前的环中国海航行就像一场稍纵即逝的美好幻象。

然而生活的真相是，有不顾一切闯荡的决心与勇气，也有出发那一刻的踟蹰与恐惧。哪有没由来的坚强守望，全是历练世事，才有的所得与所失。

大部分人常常在想象中过完激荡的一生，虚构一切梦想的起源、经过和结局。当这样的故事在脑海里无数次上演，全部气力激情都已耗尽，那梦想终究就只留在梦里了。

而有的人，在他们年轻的时候，为梦想与生活肉搏，倾其所有地奋战，将旧的自己毫不留情地摧毁。走过刀剑似的风、滚油似的浪，终究得以遇见另一个崭新的自己。

如果你也曾走过这样的路，总会在未来的某一个瞬间，忽然想起那时的自己，曾和梦想为伍的甜蜜与满足。那一段生命，算得上整个人生里最美好的二三时节。

切不要以为大海是浪漫的诗人，它才不理会你的梦想与憧憬，毁天灭地的浪照样向你毫不留情地扑来，带着吞噬一切的力量。而当你经受住了那般可怕的肉体痛苦，精神的馈赠也就蜂拥而至。

在最孤独的时刻，徐京坤常常陷入一种分离的状态。他不只是他，跳脱出自己的躯壳，既是表演者也是观众。他跟自己对话，跟海豚、飞鸟、大海、蓝天对话。

他在这时给自己最深切的陪伴，触摸心底的柔软。他会高声歌唱，起身舞蹈，放肆大笑，泪涕横流。到港后，他已然不是出发时的那个他，面容依旧，心却变了几分模样。

忆及起航，他念念不忘的是在海上吃到的那顿饺子。那一日，台风来了，刚出发，便是一番波折，二十几个小时不敢动地方，守着舵，盯着帆，生怕出一点问题。在大雨和狂风里挣扎着前行，不敢回头，怕瞥见一点家乡的影子都会动了折返的心思。

第二日凌晨，天还没亮，雨幕依然繁密。这个时间本就是最困顿疲乏的，挺了一天一夜还没来得及吃东西，头昏昏的，肚子也开始抗议，身上没有一处干的地方，整个人冻得瑟缩在驾驶位。如果能吃口热乎饭，哪怕有口热水喝都好。可惜船太晃，就算设为自动驾驶，解放了右手，一只手去固定户外炉灶，也很有可能被烫伤。于是爬进舱内，翻出了起航时李老师送来的夫人亲手包的饺子。

饺子都坨在了一起，皱皱巴巴的像被遗弃的废纸团，油都凝成了白花花的脂块。京坤抓起一块分不清皮和馅儿的饺子往嘴里扔，胡乱嚼几下就咽下去。不知道是雨水还是泪水，冰冷咸涩的液体一起流进了肚子里，一同吞进去的好像还有身后那磁石一般吸引着他的青岛。这顿饺子是他在海上吃得最香的一餐。

直到现在，京坤最爱吃的食物仍是饺子，他说那是家乡的味道。我问过他，环中国海最难的在哪一处，他答，起航那一日。

回头太容易了，家乡就在身后，没有希望、被禁锢的、乏味的，却满是安全的生活就在身后。一个转身，假装梦想没有发生过，自己就可以退回去。

前行的路，太多的未知，终点可能有自己想要的，也可能什么都没有，甚至可能根本到不了终点。自己放弃或者被大海留下，如何给自己一句肯定的回答？

起航时的每一分每一秒他都在不断追问自己，同时又害怕追问自己，努力逃避思考，把心思全抛在帆上、舵上、天上、海上，不敢多想，害怕给了自己会后悔的答案。

那冰冷的饺子把被压在心底的对家乡、对安定的渴望一股脑地诱发出来，眼泪也来凑热闹。他在这一刻不得不直面自己的恐惧、犹豫，但是并没有经过什么深思熟虑，他就给出了那个答案：走下去，决不能回头。

作为一艘近岸航行的24英尺小船，梦想号的一生也是精彩的。1997年，为迎接香港回归举办了中国海帆船拉力赛，从澳大利亚采购了包括梦想号在内的6艘J24，结果在航行途中发现不适宜远洋和长距离航行，没怎么用就退役了，直接运到香港起吊上岸算作到港。

　　比赛结束，这几艘船被魏军船长带回厦门，结果一场14级的大台风，其中四艘因为没有合适的泊位被吹坏报废了。仅剩下的两艘，有一艘便是梦想号。

　　时光辗转，后来这两艘船又几次易主。2011年冬末，徐京坤在船厂角落遇见了这艘龙骨已经断了的饱经风霜的小船，给她起名梦想号，然后用9个月的时间，赋予她新生。再之后，他俩一起出发，一起归来，从南到北，又从北到南，跨越了2500多海里的距离，一起书写了一个梦想。

　　每次提起梦想号，京坤总感觉遗憾。他说："你要是能看看就好了，我把她照顾得特别好。船舱里有个小台灯，在青岛码头的时候，每天晚上我就在那看书，背单词，准备日程安排和航行计划。整个码头都没人，就我那一点点暖暖的黄色的光亮在那，梦想号就像一个家人一样陪着我。"

　　我知道在海上，她也是他的陪伴。在狂风巨浪里，他总是会对她低语，安慰她、鼓励她，也给她承诺。这一路走来，每一站的航行日记，他总是写"我和梦想号……"。

　　环中国海航行这个好似痴人说梦一般的计划，没什么宏大的开局，亦没有热闹的结尾。在海浪滔天中，只有他心里的汹涌演绎，观众寂寥。

　　我偶尔打趣说他的故事可以写成一篇爆文："没有左手的街头熟食小哥，却创下了单人环中国海航行的世界纪录……"你瞧，我们总爱把人的身份属性拿来跟梦想践行做讽刺的对比，暗自在心里已然划分了有些人和有些梦不是一国的。

　　在我看来，当时的徐京坤就好像站在树下，仰望着接近天空的树枝，对众人说，要吃那一颗苹果。那些树下纳凉，早已经吃到下面树枝苹果的既得利益者，抬头望望那个更高的树枝，再低头瞧瞧他，心里的嘲笑写满了眼睛和嘴角，连他这么迟钝的人都无法忽视。

　　他们心里一定在想，我们都没能够到那个苹果，就凭你！连我们吃的树枝都没有资格来够，还奢望那儿，简直是笑话。谁知这个不起眼的小屁孩，不过几年之后，在蹦跶着够树枝的过程中，竟然就真的长高了，也遇见了更多愿意助他一臂之力的人，不但够到了那个树枝，还在继续梦想更高的树枝。当初苹果树下的人们，依然年复一年吃着自己守护的那些树枝上的苹果，别人抢不走，自己亦满足。小屁孩已经不是小屁孩了，他们仍然是他们。

　　如果说开始梦想的勇气是天赋，从小到大，大泽山的石头和岳石河的水养育了他天地之大、无物可与人争的斗志，那么自信便是在成长过程中，一步步走来的生活馈赠。而在梦想面前的孤注一掷，或许是因为他实在没什么可失去了。

　　苹果树下的人们若去梦想别的树枝，可能丢掉自己守护的树枝。而对徐京坤而言，从一开始，他的手里就没有苹果，最差的结果也不过是没有苹果而已，这和最初的自己没什么两样。而在企盼苹果的过程中，自己总会得到更多的学习和成长。手里有苹果的人更难放弃，这样的感受在徐京坤后来的梦想里有了更深的体验。

过去的岁月光阴有时是一炉刚熄灭的灰烬，回头去看，敛选出三五余温，铺卷开来皆是恩赐。霜尘荏苒，梦想不朽，日月轻牵你的衣袖，春秋抚开你的眉头，让未来过来，让过去过去，大约这就是你要的成长吧。

人生在世，难免风雨来时未及备伞，或者尚且没有能力买伞。那么没有伞的人至少要学会奔跑，为了热爱的事，狼狈一点儿有什么关系？

第十七章　落选也是馈赠

记得第一次采访，我问他幸福是什么，他给我讲了一个故事。那是途经上海海域的一个夜里，他刚刚从大面积没有警示标的渔网阵里逃脱，冒着人船分离的危险下水割了几次渔网，一次次用带伤的右臂勉强爬回一米多高的船上。

大雨织成了黑色的幕布，海面仿若一群刚刚被捞起的鳗鱼，激烈地翻动跳跃，向着天空的方向，好似要逃脱身下那片墨似的深海。这艘7米多的小船就像飞鸟身上飘落的羽毛，在浪与浪的罅隙间摇摆辗转。

船上太过颠簸，再加上前几日一直没有休息好，从不晕船的徐京坤竟然也出现了晕船的反应。这片海并没有打算轻易放过他，风力一直在增强，前帆缩到一半，主帆也不得不缩到最小，夜色降临，潮湿冰冷的海风包裹着全身，侵入他每一个毛孔。

为了保存最后一点电力，他关闭了船上的大部分电子设备。身上没有一处干的地方，蜷缩在漆黑的后甲板上，四肢麻木，疲惫不堪。如果不是航行灯亮着，他早已融进这暗的海面与夜色。几个小时后，他就要进入帆船人的噩梦——中国最大的渔场舟山海域。不打起十二分精神，梦想号和他都有可能被渔网和海浪撕碎。

他说："这时有一艘巨大的货轮从我身边经过，海浪根本不足以让这个庞然大物有分毫的颠簸。船上灯火通明，人来人往。而我刚经过了好多天的大雨，船上没有任何一点儿干的地方。我就远远望着那艘船，心里无比羡慕，一张干燥的床、一碗热的面、一盏暖的灯，还有一个让你不孤单的人，幸福还需要什么呢？"

这是他人生第一次意识到原来幸福的定义就这么简单。好像就是从这一天开始，他学会了感恩生活的每一点恩赐，变得更容易满足。他说："因为当下的每一天都比前一天更好，至少比海上那段时间好得多，只要努力，就是在往前奔。"

23岁时，一无所有的徐京坤的成长是单向的，就是往前而已。环中国海航行，不回头，一路往南，从丹东到西沙。到达终点的他可以对自己说，他有做梦的权利和能力，别人说的已然没有效力。

梦想实现后，生活有了一点改变，他开始了新的工作，在三亚管理一艘45英尺的大帆船，做帆船培训。一年一两百个学生从他这里开始接触帆船，爱上航海，甚至有人买了船，去做自己蓝色的梦。

用他的话说，这一年是他过得最悠闲的一年，实现了一个梦想，有了稳定的收入和喜爱的工作。每天在他最钟情的海上和船上忙碌，跟许多志同道合的人一起航行，这简直就是自己最理想的生活状态了。

从16岁开始，他好像就一直在不停地奔跑，为了留在体校而跑，为了留在省队而跑，为了留在国家队而跑，为了参加奥运会而跑，为了环中国海而跑，就这样时刻紧绷着神经，马不停蹄地跑了8年。他的人生终于迎来了一个停歇期，虽然只有短短的8个月。

记得读路遥的《平凡的世界》，得到一点感想。许多平凡人的奋斗其实并不是为了创建什么伟业，不过是为了保有继续平凡生活的权利，不要流落到更悲惨的生活里去挣扎。

在我看来，徐京坤最初的梦想与奋斗亦然，并非为了什么创纪录的壮举，那不过是一个平凡人想做平凡事，过平凡生活的挣扎。他是一个帆船运动员，想要提高航行技术，积累航行经验，并以此一技之长立世，仅此而已。

同样，在他成为帆船教练后，他的新梦想是去世界离岸赛王国法国布列塔尼学习，一个人横跨大西洋，完整地体验一次远航该有的开始、经过和结尾，然后回来教给他的学生。做最专业的好教练，是梦想也是他以为的平凡人生该有的职责。

从专业运动员到职业运动员，从小帆船运动员到大帆船教练，他准备开始新的奔跑了。而这一次同以往不同，他的手里不再是空无一物。如果去比赛，他必须放弃眼前喜爱的工作，和每个月不菲的收入。而且要想参加跨洋决赛，必须在法国待上至少一两年，训练、学习、打积分赛。不算买船，单单报名、训练、比赛、生活的费用，就是不小的支出。

当你一无所有时，比较容易倾其所有。而当你手上捧着自己珍视的东西时，要放下它再去追寻别的，却不是那么容易的事了。

　　没有人能够预知未来，你不晓得用你的所有换所无，能得到什么。如果说环中国海还可以抱着大不了用自己的积蓄熬过去的心情开始，这一次的梦想却远非徐京坤自己可以负担的了。

　　那时的徐京坤遇见一个绝佳的机会，沃尔沃环球帆船赛东风队的队员甄选，他们计划招募两名中国船员加入队伍。在单人跨洋、单人环球之前如果能加入船队环球航行，于徐京坤而言绝对是很好的锻炼，而且没有资金压力就可以实现。

　　2年前，徐京坤曾经参加过克利伯环球帆船赛的中国船员甄选。那是全球规模最大的业余环球航海赛事，已经接触专业帆船五六年的他大约未曾想到，在业余船员的选拔中他会那么容易落败。

　　尽管清楚地知道落选的真正原因或许并非公布出来的英语不好，而是缺失的左手难免让船队多一分顾虑，但他仍然特别生自己的气，是自己给别人留下了可以放弃自己的借口，所以那之后，他更加拼命地学英语。

　　有了上次的教训，这次徐京坤提前写了一封英文信给东风队，恳请他们至少给自己一个公平的面试机会，甚至可以设定更高更难的标准，让他有机会证明自己。

　　不久他就收到了面试通知，这封邮件给了他无限希望，也许这一次自己等来了一次公平竞争的机会。大约因为是田径选手出身，他的体能尤其突出，面试时在各个项目上都表现不错。

　　然而船长不愿承担在激烈的海况里除了航行可能还要去照顾一个残疾船员的风险，连试训的机会都没有给他。徐京坤说这回并没有人通知他，是到名单公布后才知道自己落选了，真的很失落。

　　回顾他的职业生涯，是很有趣的周折。落选克利伯的第二年，他完成了第一个残疾人单人环中国海的挑战。落选沃尔沃的第二年，他完成了第一个残疾人单人跨大西洋的挑战。

　　用他的话说，他是个越压越强的家伙。既然在别人的选择里他总是没有幸被选中，他只好自己给自己一个机会。某种意义上说，落选也是馈赠。生活给他一个迷途，他才不得不去寻一个出口。反正世上的路，因为有人走过才被称为路。

　　别人对他说不，他只好更大声地对自己说我可以。他一直在用自己的践行在诉说，即使是别人眼里有残缺的他，也同样拥有梦想的权利和实现梦想的能力。小瞧任何一个梦想者都是武断的，意外带走的是他的左手，而不是他追梦的勇气。

　　2016年末，徐京坤作为官方嘉宾被邀请参加旺代单人不间断环球的起航仪式，见到了同为嘉宾的沃尔沃帆船赛的主席先生，聊起希望未来像沃尔沃这样的环球赛事，可以更改规则，让更多残疾船员也能有机会加入航行。"相比让我们更改规则，不如你带着赞助商来制定规则。"主席先生如是说。

　　不知道后来是否有人告诉了东风队的经理先生，当年他担心连自己都照顾不好的那个船员，后来一个人去跨了大西洋。不知道下一次面对这样与别人不同的候选者，是否愿意给那人一个平等证明自己的机会。

第三部分
单人跨大西洋

第十八章　单人跨大西洋的"痴梦"

2014年初，新年刚过，三亚难得有了一丝清冷模样。去年好似也是这个时节一路航行到这儿的吧，不过几个月，跟梦想号相伴的那一年，竟已经开始遥远得有些不真实了。

徐京坤常常想念那段日子，午夜梦回，好像又回到了他那小小的船舱里。舱壁都是冰冷的露珠，身上穿着不合身的航海服，硕大的月亮灯也似的悬着，照亮整个茫茫的墨蓝，就那样在无尽的夜色里一点点向彼岸进发。

在这样的想念里，他又开始做梦。这一次他的梦想是用一条6.5米的小船去参加一个不间断的单人跨洋比赛，世界上还从来没有一个独臂选手干过这件事。

它是什么概念呢？大致相当于一只蚂蚁乘着一片竹叶绕着西湖跑6圈，绕着北京故宫的护城河跑20圈。而且这个比赛要求不得携带任何电子导航和通信设备，仅依靠最原始的天文导航来航海。不用说航行，单单是整整一个月你将丧失跟这地球上其他人类的一切联系这件事，便不是那么容易的。

2013年12月，我遇见他时，他已经在为此准备，翻译赛事规则，了解参赛要求；跟组委会沟通，确认报名细节；联系二手船主、各品牌船厂，比对各家新船旧船的资料价格；联系法国帆联期望获得参赛许可，联系国际帆联救生救援课程法国当地的代理培训机构等，所有的事都必须自己完成。害怕自己的英语表达有问题，查词典，对照翻译器，一点点译一点点写，实在拿不准，再请教朋友，如此反复。

同时，又开始了新一轮写方案、找赞助，一遍又一遍地去跟每个人阐述他的新梦想。时光好似又回到2012年的春天，失望也一样。

徐京坤原以为他言出必行地实现了所谓的"妄人痴梦"的1号梦想，那这个妄人痴梦2号理所应当该更容易被信赖，更容易得到支持才对。而事实并非如他所愿。

这一次跟上一次略有不同的是，大部分人已经不再轻易当面否定，而只是观望。他没有心思气力去细细品味这观望的意味，那个被称为职业航海家加冕赛的世界最小船型跨洋赛事，还从来没有接受过独臂选手参加，能不能报名才是要担心的第一个问题。同时还有那庞大的预算和紧迫的时间表。

最后的跨洋决赛将在2015年9月举行。在此之前，根据参赛规则，徐京坤需要拿到法国帆船联盟船长证、法国医生签署的健康担保书和心脏压力测试、国际帆船联合会认证的海上救生与救援证书、SRC短程通信证书，以及至少1000海里的各级别资格赛积分和至少1000海里的单人不间断资格航程，还有天文导航的观测绘制作业。

每年的资格赛数量有限，要拿够1000海里的积分，通常需要两年或者三年。而一旦报名成功，如果想参加当年的比赛，徐京坤就必须拿到每年全球只有一个的DCQ（外国运动员特别赛历）资格。针对优秀的外国选手提出的特别日程，在6月30日前提交所有资格材料，也就是在3个月内，参加MINI的所有比赛，每一场都必须拿到积分，并且最后的成绩在五年以来等待参加比赛的申请者中要排进全球前60位，这样才有机会站在决赛的起航线上。

我记得整理完所有参赛条件时，他问了一句，"你觉得有可能实现吗？"我说，"恐怕只能说理论上可行，不但船不能坏，人不能病，天气也不能出问题。一旦有一场比赛取消或者缩短赛程积分，一切就结束了。"他听了沉默了一会儿，用不大的音量，好像在对我说，又好像在自言自语，"干，必须得干！"

在经历了跟法国帆联和赛事组委会长达7个多月的沟通之后，他们终于松口让徐京坤在12月的巴黎船展上来跟他们见见，再确定是否可以报名。虽然还不是肯定的答复，好歹有了一点儿希望。

而就在这时，徐京坤心里却泛起了一丝犹豫。这犹豫并非因为自己，而是他的牵绊。2014年9月9日，一个人的逐浪人生，变成了两个人的日子。奥运会之后，他贷款在家乡县城买的一套小房子，为了这次比赛打算卖掉，再借些钱先把船买了，后面的经费另想办法。

如果是自己一个人，他全然不会犹豫。可现在面对爱人，刚刚结婚，就要把仅有的房子卖掉，还要借债几十万，让她一起面对这样的生活，会不会太不公平？自己是个男人，梦想固然重要，却也有不可推卸的保护家庭的责任。该往哪走，一头是梦想，一头是责任，他苦闷良久。

他的踌躇，我不是没有看出来，只是不知该如何提起。那日散步，他好似无心地闲聊，"你说这事要做吗？"我答他，"如果现在不做，你一辈子都不会做了。钱以后可以赚，这梦以后却做不了了。"再不多说什么，他已然懂了。

放下心里最后的犹豫，京坤开始着手准备赴法事宜，安排要见的人，要看的船，要去的地方，准备繁琐的手续、资料等，忙得没日没夜。这是一趟给梦想宣判的旅程，MINI TRANSAT能为自己敞开大门吗？他心里满溢的是大大的期待和可能的失望隐忧。

第十九章　出师不利的起点也很美

终于走到了出发去法国的那一天。虽说人生遇见的每一件事、每一个人都不会是没有意义的，但登机前最后一刻遭遇的变故，还是让人没办法欣然面对。

那一日，已经托运好行李，取了登机牌，在录制他出发的采访，要过安检的时候，却被边防人员拦下。原本递交了11月29日的机票、行程、邀请信，不知为何法国大使馆给的签证却是12月26日才开始生效。住宿、交通全都作废不说，连已经预约好的几个重要的见面都要取消，带来的一连串影响是京坤始料未及的。

我一直盯着他，担心出师不利的开端，会给原本就不明朗的心情再蒙上阴影。这个时候，一个钢镚恨不得掰成两半花，一下子几千块的机票都作废了，怎么能不心疼。他却超乎想象的冷静，开始联系朋友、法国组委会，试图尽快解决问题。或许不是不失望，只是没有时间留给他失望。

经过一整夜的努力，仍然没有什么好的解决方案。本该载着他飞往巴黎的飞机早已离去，他坐在候机厅的椅子上直愣愣地盯着电脑里去法国要看的几条船的资料，我在那静默的背影里看出他那被克制的失落，心里隐隐担忧着如果这梦想甫一开端就要夭折，做好准备倾其所有的他要该如何面对。经过一番折腾，终于在5天后拿到了新的签证，买了新的机票飞往巴黎，去扣响未卜的梦想大门。

落地的那个早上，巴黎灰蒙蒙的，分不清是天刚亮，还是已经要黑了，看不见一点明媚的势头，晦涩的好像当下的心情。初冬的风算不上凛冽，街头的胖鸽子懒洋洋地踱着步。从我们住的街区走到船展展馆有5公里左右，为了省钱，每日都是步行来回。

巴黎本是知名的旅行地，却一点也没有心力去体味"这就是巴黎"的实感。后来问起，他亦是同感。那几日头上好像悬着两把刀，一把落下便可砍断梦想之颈，一把落下砍断的则是勒住梦想之颈的绳索。不知明日落下的刀会是哪一把？

巴黎船展称得上是世界航海界的一大盛事。相比国内船展，巴黎船展更像一个大超市，从豪华游艇到运动帆船，从电子导航设备、船用电脑、航海装备、马达、电池、索具、缆绳，到船上的木材、贴膜、内装、锚、手持罗盘、海水淡化机、风力自动舵，应有尽有。甚至连航海图书、教具、时尚服饰、珍珠饰品、航海摆件、帆布包、海洋系化妆品都有。

许多只在新闻里传说的全新航海科技，在这里早已转化为实物。进入船展的京坤，就像掉进渔场的猫，舍不得错过任何一个展台，一路走一路感慨，这就是为什么一定要来法国啊。

船展上，京坤竟然遇见了一位老朋友，法国残疾人帆船国家队的Damien。他俩有着特殊的缘分，同样出生于山区，同样没有左手，同样热爱帆船。2006年，京坤加入国家队，队里的第一条训练船就是法国国家队送的Damien用过的赛船。后来他俩都参加了2007年美国罗切斯特残疾人帆船世锦赛和2008年奥运会。

那时，中国残疾人帆船队刚刚成立，连统一的防晒衣、航海服都没有。奥运比赛时京坤穿的是自己在夜市50块买的冲锋衣，有的队员甚至穿的就是普通T恤。而那时的Damien早已是赫赫有名的法国金童，头顶两届世锦赛冠军、雅典奥运金牌获得者的光环，到哪里都是镁光灯的焦点。

听说京坤准备参加MINI TRANSAT单人跨大西洋比赛，Damien说那是一个很棒的比赛，五年前他申请朗姆路比赛时，因为没有左手被拒绝了，又跑了许多比赛，跟健全人搭档两个人去参赛了几次，才终于到今年被允许参赛了。他知道京坤必然也要面对这样比健全人更艰难漫长的证明自己的过程。

第二日，在MINI TRANSAT展台，经过一番恳切的谈话，加上之前漫长的沟通了解，赛事组委会主席和法国帆船联盟主席两位终于共同确认，"来自中国的徐，很荣幸你加入我们2015年的MINI TRANSAT当中。我们给予你DCQ（外国运动员特别赛历）资格。"

我难以用语言描述这句话给京坤带来的欣喜和希望如何巨大，这一个跟其他健全人一样参与竞争的机会，他等了很多年。

离开前，我给他拍了张照，背后是跨大西洋的海图，有明年他梦想旅程的起点和终点。相比终点之美，这一年前的起点一样美得喜人。

生活中，理想主义常常被等同于不切实际，被视若毒物。人们时刻警示自己的小孩、朋友远离它，切不可成了好高骛远的妄人。矫枉过正的是，我们也一不小心故步自封，永远被困在了原地。

而航海是一遭十分有具象意义的浓缩版人生旅程，有艳阳高照，也有风雨大作；有风平浪静，也有巨浪滔天。不同的只是船上的人，各有各的喜恶罢了。

当有人祈祷不要起风时，也有人在怒吼，让暴风雨来得更猛烈些吧。

即使是小蚂蚁，也有大梦想。这世间有多少梦想最终能够得以实现，又有多少随着岁月流逝而飘散？

开始做梦是天赋，坚守才是馈赠。

第二十章　没有船的船长

有些人生好似虚线地图，看似你要走的路，却又不是。若不用尽全力可能走不通，只得原路回来，白白周折。

有些梦想亦是如此，可能是沙漠里的绿洲，也可能是海市蜃楼。奋力赶了过去，看见的也许是崭新的希望，也许什么都没有。抑或跋山涉水奔过去的路上，就暗自厌弃了这心酸艰涩的孤独。

没有任何一个人可以在开始时就告诉你既定的结局。前方是悬崖，还是柳暗花明的又一座山峰，谁也不知道。

也曾问过京坤，梦想之于他是什么？他说，就像漆黑夜色里的一束光，跟着跑过去就可能遇见新的有希望的世界。

熙攘人群里的我们，是不是也会在人生的某一刻，觉得被桎梏在这世界的一隅，对周遭的一切毫无控制反抗的力气，任何一束稻草或是温暖的光，都是救赎的希望。那么孤单的唯一，怎么可能不奋力去抓。

贫瘠的年少，蒙昧的教育，带着疼痛的成长，和不由自主的未央青春，无法赞美歌颂的所得所失。当一个又一个看似宏大的梦想走到他面前的时候，他和一艘梦想号，不知是谁遇见了谁，谁又救赎了谁。

他的第二号"妄人痴梦"：MINI TRANSAT 650级别单人横渡大西洋帆船赛，是世界上难度系数最高的单人航海极限挑战赛之一。从1977年开始，到那时已经举办了20届。来自全球33个国家的896名选手参与比赛，而这其中一个独臂选手都没有，历史上曾跻身决赛的亚洲选手也只有两名。

比赛全程禁止使用任何机械动力，禁止携带通信设备，以及任何现代航海导航、气象等科技装备。4000多海里的航程，完全依靠最原始的天文观测导航技术，独自一人驾驶6.5米长的小帆船，横跨整个大西洋，去对抗十几米的巨浪。

这样艰难的比赛，门槛自然不低。为了一张决赛门票，许多选手为之努力三五年，甚至七八年、十余年也有。每隔五年，一切资格积分失效清零，又得从头再来。假若排不进全球前60直接入选决赛，只能跟五年以来所有的备选选手一起，在那浮动的15个名额背后漫长地等待，一等可能又是五年。有些选手连排在队列里等待的机会都没有。

就是这样的残酷梦想，若不是真的走近，就无法理解他们到底是在凭借着怎样的信念，在乎着什么样的所得。难道就是大西洋彼岸那一篮子鱼罐头？

京坤开始准备MINI TRANSAT的时候，全然没有时间去想象可能面对的一切曲折。关于比赛，他听到最多的不是"不可能"，而是"来不及"。

报名成功已经是12月，新赛季要4月才开始，6月30日就是最后的资格审核日。在不到三个月内，想拿到决赛席位，他必须一场不落地参加所有比赛，并且每一场都要以优秀的名次拿到完整积分。比赛间歇要考过所有资质证书和测试，提交合格的天文导航作业，和足够的资格航程。这简直是不可能完成的任务。

记得从法国报名回来的那两个月，他像一个上紧了发条的铁皮人，没有一天凌晨2点前上床睡过觉。连着教了5期航海培训，在海上待了50多天，晒得脸上、胳膊上一块块地脱皮。说了太多话，咽炎又犯了，边打针边哑着嗓子继续上课。

每天筋疲力尽回到家，又不得不去调适拍摄设备，落实服装清单，打包行李，联系船只，做好一切出发的准备。不比团队赛事，船员只要负责照顾好自己的身体，好好比赛就行了。一个人的比赛，你是船长也是队医，是经纪人也是岸队。独臂船长被逼成了千手观音。

好在启程前遇见了许多温暖的助力。环中国海时就给京坤提供服装赞助的Gaastra的张经理几乎没多问什么，就敲定继续赞助跨大西洋的服装；鸿洲游艇会的胡总，《海之蓝》杂志的庄总，三亚遇见的董哥王姐，也决定用各自的方式给这个年轻人的梦想加油。

出发前的那天是情人节，而于他而言却不过是又一个无眠的工作日，每一分每一秒都在跟时间赛跑，总觉得还有许多事没做完，出发的时间就已经到了。十几个小时的飞行，他在狭窄的座位上睡得昏死过去一般，嘴上拱起了两个大水泡，嗓子完全失声了。

从落地巴黎的那一刻开始，更加可怕紧凑的行程在等着他。马不停蹄地奔向千里之外的拉罗谢尔，浓墨似的夜色里连双塔的婀娜都没有力气去看。

正如所有命运多舛的追梦故事，第二天法兰西就用一个大难题来迎接他的到来。原本约定好的法语翻译竟然临时变卦要加价付费才肯来，再找翻译已经没有时间，而这个比赛需要的海上救生救援课程几个月才开课一次，错过这一次也就意味着错过整个赛季。

故事甫一开端，就遇见巨大的断点。除了硬着头皮往前冲，他并没有别的办法。时间、课程、即将到来的赛季，不会有任何人为你一人停留等待。

京坤曾打算在自己的航海教学中加入这个内容，所以专门研习过海上救生救援，也持有ISAF国际帆联认可的执照。可是无论多么谙熟内容，毕竟是完全不懂的法语教学，笔试能否接受英语答卷，仍然是个大大的问号。

那天下午的海上实践考试，天气好似专为拍摄灾难片准备的，我也作为旁观者待在船上。30多节的冷风夹杂着冰豆似的雨点，船颠簸得厉害。我努力把着船舷，依然控制不住身体在船上滚来滚去，胃里翻江倒海。

每一名船长都必须穿着干式航海服跳进只有四五度水温、两三米大浪的大西洋中。尽管知道是训练，看京坤跳进海里的时候，我仍然紧张得攥紧手指。被巨大的海浪阻隔开，他一度消失在我们的视线里。控舵的学员绕了几圈才把他救起来，漫长得好像一个世纪。

爬回船上的京坤，冻得牙齿止不住打架，脸上被干衣勒出一个圆形淡紫色的痕迹，左手的断臂也冻得没了血色。我当时心里默默祈祷着，希望他再也不要掉进大西洋里去才好，但后来他还是有两次掉进大西洋可怖的海水里挣扎。

几经沟通，MACIF航海学校终于还是接受了英文答卷的要求，并根据成绩通过了京坤的考试。万里长征的第一步总算走过来了。

临近春节，拉罗谢尔的街上却一点新年的气氛都没有，我想京坤的心里亦是如此。有太多已知的未完待续和未知的悬而未决压在心头，让节日的喜悦都变得微不足道。

大年三十，拉罗谢尔难得放晴，阳光洒满了码头的每一个角落。那个长着大胡子的荷兰船东把船从阿姆斯特丹拖到了拉罗谢尔，见到京坤，指着那船说"徐，快来看看你的船，它特别棒！"

京坤单手一撑，跳上托架，摸摸这儿，看看那儿，站在船上，挥舞着手臂招呼我，"快来，快来，给我和我的船拍张照。"他笑得像个得到玩具的小男孩，这是几个月来，我第一次在他脸上看到这样的笑容。

是不是好的故事，总要多几番周折才能知道，生活并没有就此饶过他。原本十分顺利的船只交接，在进一步履行合同时，竟然发现船主无法提供任何船只证照。一条无照的船根本不能参加比赛，这个坏消息像一个恼人的魔术师骗子似的，把就在眼前的美好希望忽就化为了泡影，海市蜃楼般刹那间消失得无影无踪。

那些天，我们刻意回避着有关即将到来的新赛季的话题。他比谁都清楚，一条单人极限跨洋赛船的熟悉、整理，绝不是个把月就能完成的。他珍贵的梦想正在开启可怕的夭折倒计时，那时钟滴滴答答的声响在徐京坤的心里震耳欲聋似的一声声敲打着。其他选手已经开始第二年、第三年的训练了，他的船却还没有着落。没有船的船长，好似没有枪的士兵，他要如何上战场？

京坤几乎问遍了所有能问到的人。拉罗谢尔训练中心的主任Jean，是负责MINI选手训练的教练，一个地道的法国小老头，常常骑着他的破自行车满码头晃。他告诉我们码头新来了条不错的船。

赶去跟那船主一次次谈判，价格仍然远远高于我们的承受能力。就像Jean说的，"（离第一场比赛）就剩一个月了，哪个船厂也不可能在这么短的时间里造出一条为比赛准备好的船。那些二手船，船况不错的早在上个赛季末就被挑光了。"

在MINI选手的圈子里，大家都知道有个来自中国的Xu要参加今年的MINI TRANSAT，自然也知道这个时候一条完备的赛船是他急需的，谁会肯给个好价钱呢？Jean拍拍京坤的肩膀，"Xu，我也不知道还能做点什么了，或许你可以去北边碰碰运气。"

第二十一章　一波十三折

按照Jean的建议，2月28号清晨，我们搭车一路北上，到洛里昂继续找船。洛里昂是个MINI船只的聚集地，AOS航海基地停着不少船，也有几条待售。但大部分法兰西船主依然发扬着悠闲的个性，船在人不到，电话不接，短信不回，邮件也没有消息，好不容易约到的几条船也各有缺憾，希望仍旧落空。

几番周折，去了很多其他地方，情况亦是相同，价格船况都不尽人意。又听说在坎佩尔有一条新船在出售，3月3号我们又从洛里昂赶到坎佩尔的船厂。经过4个多小时的谈判，试图去掉船上一些昂贵的设备和优良的配置，在保证最基本的比赛需求的同时，尽最大努力减少预算，可最终还是超过了我们的支付能力。

第二天预约好的试船，京坤还是去了。带我们试船的船长Olivier，是后来同京坤一起参加MINI TRANSAT的战友。一开始京坤拒绝上船，或许是因为知道自己根本无法拥有这条船。

那一天，在孔卡尔诺港口，天特别蓝，云特别低，阳光极好，城堡里传来卖唱人的悠扬琴声。他们升了白帆，箭也似的离港，驰骋在碧波里。跟大西洋深处的风浪不同，这一日这里的一切都如此平静，除了徐京坤的心情。下船时，他的手一会儿扶扶桅杆，摸摸船舷，一会儿拉拉缆绳，叠叠船帆，眼里的喜爱和留恋任谁都看得出来。

回去的路上，Olivier问京坤，"Xu，你喜欢这条船吗？"京坤沉默了一会儿，答道，"当然喜欢。""那你准备用它参加比赛吗？""不，我买不起他。"

那一晚，徐京坤翻来覆去难以入眠。不知该如何劝他，因为他的困境，我们谁也帮不上忙。比赛一天天临近，仍然没有开始日常训练。买了船要把船修整好，配备远航所需的设备，熟悉设备操作，面对资格赛的重重考验。现在却连船在哪儿都不知道，他的压力无法言说，却无处不在。在国外要打开局面显然比想象的难很多，真正的航行还没有开始，一箩筐的困难就铺天盖地地砸过来。

没有时间给他用来悲伤或是沮丧，他必须面对又一个航行资质课程SRC短程无线电通信课程的学习。京坤的英语水平用于日常对话、工作交流还可以，要应付这么多的专业词汇，仍旧十分忐忑。

无线电考试前，连续四天四夜，睡觉都觉得是浪费时间。他花了所有的力气学习、背诵，困得神志不清了，出门去冻一冻，稍微精神点儿，回来继续看书。

"panpan, mayday……"连做饭时，都能听见他嘟嘟嚷嚷地回忆着一些关键词。操作对他来说不成问题，笔试和口试中所需的规范用语才是最担心的。

那天晚上，赶到几十公里以外的布列塔尼航海学校，车上京坤还抱着笔记看了又看。从南安普顿飞来的英国皇家游艇协会的考官那浓重的英国口音让人雾飒飒。考试开始后，我被要求保持安静，不得靠近考场。

窗外是夜色里影影绰绰的花园，树木花草在随风无声地舞动。考官和京坤陷在橙黄色的暖光里，像一出严肃的独幕剧。我在对面看着，紧张得好像空气都凝结了。

每一个考验，都好像通关打怪兽的游戏。不同的是，游戏可以重来，但生活只给一次机会，任何一关通不过，梦想就夭折在这里，连个翻盘的机会都没有。

拿到主角剧本，总能劫后余生。拿到配角剧本，便是梦想卒于此的路人甲乙丙丁。每个人这辈子大概都要当几回甲乙丙丁，才有希望换个剧本演绎。

这一次不知是幸运之神总是偏心那些愿意为了一个梦想倾其所有、坚持不懈的人类，还是生活的脚本早已写好，功夫不负有心人，京坤口试满分，笔试只错了两题，考官当场就让他通过了，正式的证书也确定能在第一场比赛前收到。

在异国他乡，无论是半英文半法语的救生救援课程，还是英文课本、英文作答的无线电考试，还有世界顶级的气象学家Jean Yves的全法语培训，语言成了求学路上最艰难的一步。

　　除了求学，因为语言问题，医疗检查竟然也那般周折却是未曾想到的。赶到其他选手推荐的医院，早已不再做这种离岸赛体检了。我们去的中心医院只做急救，又被介绍去了另一家医院，竟然没有一个医生会说英文。

　　幸好遇见一个来自老挝的工读生会一点儿英文，说他们的医院是没有医生的，我们得去药店，要医生的名单地址，打电话预约。走了几家药店，依然是半英文半法文地给了我们几个住在附近的医生的地址电话，让我们寻去。

　　那天中午，我们两个坐在一家寻了很久才找见却午休三小时无人应门的诊所门前。街上连行人都不见几个，冬末的萧瑟更是让没着落的心情低落了几分。

　　几乎走遍了拉罗谢尔，终于在一个百年老宅里寻见了个小诊所，医生竟然还能说简单的英语。请组委会的Caroline跟医生电话沟通了检查事项后，给了当晚的预约。

　　结果当晚医生只给做了简单的心电图等测试就说好了，价钱变成双倍，让人总觉得不安。果然后来这一纸不太合格的证书还是给我们造成了不小的麻烦。

　　来到法国三周后，距离第一场比赛还有不到一个月的时间，终于通过了所有考试，拿到了资格赛注册所需的4种资质证书、压力测试以及法国医生签署的健康担保。

　　当我们带齐所有资料，第一次来到MINI的办公室，那红色的大门，就像梦想炙热燃烧的模样，欢喜地迎接每个做梦的船长。尽管参赛的船仍然没有着落，当组委会秘书Annebelle宣布"Xu，你已经可以注册参加资格赛了"的时候，还是忍不住地欣喜。这20多天的没日没夜，总算带来了一点收获。

　　搭车赶回拉罗谢尔，门前的La Minimes港口，停靠着几千艘帆船。穿行其中，好似走过桅杆森林一般。董哥形容这里的船比他的头发还多，后来又带朋友去，他们说，对爱航海的人而言，此地好似酒池肉林般奢侈的眼眸盛宴。然而这庞大的森林里，却没有一根桅杆是属于我们的。

　　第二天清早，有一艘200多尺的古典木帆船到访。平日里见不到人的古城竟忽地喧闹起来，码头上挤满了人，老人、孩子都来了，节庆一般热闹，航海似乎从一出生就流淌在他们的血脉里。这就是来法国最大的感受。

　　正月十五，我们住在坎佩尔附近的一个村里，150年的老房子，石头砌的，温暖而坚固。农场的老夫妻养了2条狗、3只鸡、4匹马、7只猫，老爷子Christian，自己设计施工，用十二年时间构建了这个梦想之家。

　　或许容易实现的都称不上梦想，一波十三折本就是故事的标准范本。这一夜，外面月光皎洁，梦想在手边，但愿希望也在路上。

这样明媚又艰涩的生活，即使山高水长，仍要自己走上这么一遭。经过这般砥砺的时光，总有一刻会化作动人心弦的乐章吧。

第二十二章　我们的家叫529

法国有句谚语，如果你不相信奇迹，奇迹永远不会降临。

离第一场比赛只剩下三周半的时间，徐京坤如同站在悬崖间的吊桥之上，时间之火一直灼烧着麻绳，下一秒就会跌进万丈深渊，"心急如焚"这四个字好似就是为了形容当下的状况而造的。在赛季开始前的最后时刻，找到一条好船的希望已然十分渺茫。

就在这时，京坤接到Jean的电话，说起他上一届的一个学生，"Arnuad，是个很聪明的家伙，他的船应该不错，你可以去看看。"

Arnuad的船529，徐京坤是知道的。去年来法国看船的时候，我们就曾看过，设备太老，2004年的船，光大西洋就来来回回跨了三五趟，与还在赛季中驰骋的同伴相比，算得上风烛残年的老者了。

比赛还有三周就开始了，仍然没有任何新的希望出现。我劝他，好歹先去试试，做个备选也好，他只得联系船主去试了船。那日他回来，朋友们都热心地问，"京坤，怎么样？"他嘴里说着"还行"，但我知道在他的心里还是过不了这个坎儿。无论是配置还是价格，529都不符合他对于一条赛船的基本要求。

新船实在买不起，现有的二手船里529已然是最好的选择。那些天，他总是辗转反侧，睡不着觉，心里盘算着，有没有任何一丝可能，找到一条稍微新一点儿、好一点儿的赛船。

可是时钟一直在滴答作响，毫不留情地飞奔，并没有留给他这样的时间。还有两天，第一场资格赛就要关闭报名了。那天早起，他跟我说，"咱们去把529买了吧"，语气里藏不住的无奈。

从洛里昂赶去南特，跟529的船主Arnuad谈判。谁都知道529是京坤最后的救命稻草，就像Arnuad说的，"Xu，我一点儿不急，可是你已经没有时间了。"所以谈判几乎就是在一边倒的状态里艰难完成的。

京坤大约也不是未曾想过放弃这条船的，可是放弃529也就意味着放弃他整个MINI TRANSAT的梦想，他做不到。对的时间遇见对的人，一个没有枪的战士，和一杆被遗弃没有资格上战场的老枪，说不清是谁拯救了谁。

　　总算有了参赛的船，在报名文件上签下名字的那一刻，才终于从一个人的异想天开走到了通往梦想的起点。

　　京坤第一次停下来仔细打量眼前这座世界离岸赛最重要的港口：二战留下的战绩彪炳的潜艇基地，灰黑色满是弹孔的水泥外墙，一群群的海鸥在头顶不知疲倦地盘旋鸣叫，著名航海家塔巴利的博物馆在阳光里现出奇异的彩虹光泽，La Base 酒吧里坐着的某个端着啤酒的大胡子男人，可能就是单人环过三四次地球的传奇船长。

　　码头里停着各种世界上最棒的超级赛船，简直就是一个收藏丰富的航海展览。这里曾诞生和见证了许多航海传奇。上一次来这里的时候，自己还只是个看客。而今天码头里有一艘小船，是属于他的529。或许在接下来的一年里，他们会一起去书写另一段不一样的故事。

　　我们整理了行囊，离开老克家，住进了529。虽然它只有2平方米不到，可这里是我们俩在法国第一次拥有了属于自己的"私人空间"。尽管布列塔尼的冬日每天都在下雨，夜里不到0度，尽管这条小船并不能完全遮风挡雨，有时还会随着海浪飘摇如浮萍，但它仍然在遥远的异国给了我俩最温暖的一个居所。

　　别的船长的船里都是比赛用品，而我们的船里，除了比赛用品，还有锅碗瓢盆，睡袋睡垫。529每天都不得不经历两次变身，早上他出去训练前，要把一切生活用品从舱里搬出来，晚上再一一搬回去。529是他战斗的武器，也是我们俩的家。

　　关于那个冬天，我总记得住到船上的第一晚。那天风太大，把晒在浮桥上的睡垫刮进了水里。睡袋是夏日用的，单薄得很。京坤把航海服、毛线帽都裹上，还是在午夜被冻醒了几次。那些天夜里总是下雨，船壁上都是水珠，缩在睡袋里不敢翻身，早晨冻成了两个红鼻头的小丑。

　　后来京坤从附近航海用品店借来一个旧的小电暖风，虽然取而代之的是每天被吹得嘴唇干裂、嗓子冒烟，夜里不断在冰火两重天里辗转，睡睡醒醒，倒也好过冻得牙齿打架的前几日。

　　京坤总是有很神奇的烹饪法，把胡萝卜、土豆和大米一起丢进从国内背来的电饭煲里煮，省时又饱腹，加一勺老干妈就是最奢侈美味的配菜了。

　　529旁边停着一艘40多英尺的大船，一对老夫妻住在上面。夜里透出橙黄的光，散出悠悠的食物香气来。每每走过，都好像走过一个温暖的梦境似的。他说，"老婆，以后我也买一条这么大的船带你去环游世界。"当时只当玩笑听，从没想过这一句承诺在3年后能变成现实。

　　总算有了船，他终于有资格站在起航线上了。可是这条世界上最小最经典的单人跨洋船，缆绳却比一条四五十英尺的休闲帆船还复杂。从没有人只用一只手操控过这种船。

所以也没人可以告诉他需要同时收放帆绳的时候他该怎么做，才能像那些优秀的选手一样迅速完成换帆，控制好船向船速，还有船上那些全英语全法语界面的电子设备。许多徐京坤都是第一次见到，要想搞明白除了大量的时间和训练，别无他法。然而第一场比赛在16天后就要起航了。

身边的船长们都在做着赛季初最后的航行检查，而他才刚刚真切地摸到船，一次训练都还没有做。就像马拉松比赛，别人已经跑了多半程，自己才刚买到合脚的鞋子赶到起跑线。

终于对着字典，一个字一个字地弄明白了自动舵的基本使用，京坤就出海训练了。现实比想象还要来得艰难许多，才第一天，布列塔尼的天气就结结实实地给他上了一课。傍晚他早早就从海上回来，带着惊魂未定的神色来寻我，一直重复着，"太糟糕了，非常糟糕。"

出港时还是艳阳高照，风不大，云下有些阵风，看起来是最适合航行的好天气。刚出码头，忽然一点儿风也没有了，才要返港，竟又恶作剧似的起了风。

略往外航行了几海里，倏忽之间就风雨大作起来，他不得不频繁更换着不同尺寸的船帆。临近归港时还下起了弹珠大的冰雹，砸得眼睛都睁不开，甲板上盖了一层厚厚的冰碴。

他在航海日记里写道："转移压舱物，还要绘制海图作业，在船舱里滚来滚去，整个人就像锅里的饺子……一不小心缠了前桅索，废了百斤的力气也拉不下来，实在不忍心球帆撕裂，只能耐下心来无数次地用尾风横风让它打开，归航时那5根手指好像铁锹刨过似的疼。"

手忙脚乱，险象环生，这样的训练状态把他的信心打击得没了一半。这样的自己，不过一个白天的日常训练就一塌糊涂，可怎么去跨大西洋？一想到半个月后就要比赛，他心里的压力就火山似的喷涌着。

第二天早早起来，他知道训练是治愈当下自己心里一切灼烧的良药。能做的，就是抓紧一切时间训练，真正熟悉这个即将陪自己跨越汪洋的伙伴。

那几日的洛里昂陷在冬日的余威里，冷得不像话。每次训练回来，他都冻得好似圣诞老人一般。旧旧的红色航海服，红脸蛋，红鼻头，冻成紫色的断臂，还有又添了几处新伤的红红的手掌。

距离第一场比赛还有不到两周的时间，恨不得把24小时当成48小时用，时间却拼命地飞奔，一刻不肯为谁停留，而亟待完成的事项还有太多太多。

这段时间如果非用一句话来形容，就是每时每刻都在焦急，又根本没有时间焦急。

第二十三章　周末工作的人有罪

在法国的日子，最怕的就是赶在假期船出什么问题。法国假期实在太多了，每隔几天就有一个什么节。好像天塌下来都不能影响法兰西人民的假期，他们总是会说，上帝周末都不工作。

而且信仰自由平等博爱的法兰西人民，实在太喜欢游行、罢工，还有度假。尤其是夏天，整个世界都静止了的感觉。

那段日子为了能跟一个法国人取得联系，要费九牛二虎的力气。就在那段时间，法国一位雇员因为老板周末总是给他打电话打扰了他的私人生活而起诉公司，居然胜诉了，判罚了老板很多钱，以至于之后每次我们在假期试图联络工程师的时候，都觉得自己在违法犯罪。

天气预报说大风就要来了，总算大风封港的前一日预约到了为800多条MINI船服务的唯一一名电力工程师David来做船上设备的检测，顺便修理桅顶灯。

刚把David吊起到第二节撑臂的高度，他就生气地大吼"放我下来"。不知道发生了什么，赶紧把David降回甲板。David气急败坏地说："太危险了，你的撑臂断了，我没法修桅顶灯。"

徐京坤心上一惊，撑臂断了？什么时候发生的呢？不由得想起前一日的出海训练，暗自庆幸，桅杆没有在那样的大风里出什么问题。

来不及多琢磨，他赶紧问："David，需要怎么修理？"David边整理工具包边说："Xu，修理它不是我的工作，你要去找其他人。修好了它，我才能修桅顶灯。不过我要去度假了，第一场比赛前不会回来。"说完，拿了包下船去了。

约了两周的工程师没能修好桅顶灯，京坤来不及遗憾，想要赶紧自己爬上桅杆看看撑臂的状况。但已经释放了侧支索的桅杆，根本承受不了他的重量。在下面仔细查看后，隐约觉得似乎桅杆也有些倾斜变形。

他嘴里嘟囔着"完了，完了"，整个人就好像瞬间被抽掉了全部力气的玩偶，毫无生气地瘫坐在甲板上。比赛还剩一周就开始，千辛万苦找到了船，竟然桅杆又出了问题，一大笔支出不说，时间也不可能来得及了。京坤眼睁睁地看着自己的梦想在坍塌瓦解。

空荡荡的码头，乌云如同他的无助一般压下来，他的困境谁也帮不了。这一天是周六，没有人在工作，船厂也没有人接电话。问了码头上找得到的每一个人，除了等待，他们也没有任何办法，能做的只有等周一。

周日，大风呼啸，桅索交缠着桅杆，杂乱无章地奏出一下紧似一下的叮叮当当来，一声声砸在徐京坤的心上。他知道没有撑臂支撑的桅杆随时可能被大风摧毁，他守在船上，寸步不离，不断调整缆绳和索具，试图用各种办法保护桅杆，如同保护自己仍在襁褓中的脆弱梦想。

一次次的电话和邮件沟通，回复实在太慢。请朋友亲自去工厂询问，船厂工人终于在三天后从仓库角落里找到了仅存的几根旧型号的撑臂。已然不可能预约到工程师了，京坤只得自己上去安。

你可曾试过在20几节的大风里，被一根绳吊在十来米的高处？船体随着风微微动个分毫，吊在上边的人就飘摇如风里波折的旗帜。我拉不动京坤，只得寻了附近的船长来帮忙。赛前大家都在忙，为了不麻烦人家太多次，他在桅杆上吊了足有十多分钟。

绳子就那样紧紧勒着大腿根。把撑臂换完，又坚持着修好了桅顶灯。等把他放下来，咚一声就跌坐在甲板上，两条腿好似百万的细针齐齐扎下去。幸运的是上去检查发现只是撑臂断裂，他的桅杆没有问题。

好不容易修好了529，老天爷又开玩笑似的吹了整整三天大风。港口内一切船只不得出港，任你心急如焚，也毫无办法。都说真实的生活比戏剧还要来得曲折离奇，这些一波三折的设定不知是不是为了将来，有朝一日我们满头白发坐在躺椅上，轻轻忆起那些想当年的岁月时，更有些跌宕故事来讲述。

离比赛只剩下四天时间了。一个人训练遇见了许多问题，急需一个好的老师给他点拨一二。或许是被他的诚意感动，曾打破MINI TRANSAT跨大西洋记录的传奇选手Aymeric终于答应在比赛前抽空来带他训练两日，这无疑是徐京坤当下最迫切渴望的。

然而生活就像是坏脾气的小孩儿，再一次跟他开了一个坏玩笑。训练前一日的船只检查中，忽然发现球帆杆的连接件裂开了，而当时正是4天的复活节假期。所有的店都关着门，码头上甚至连人都没有几个。联系所有我们认识的船长及维修船只的工作人员、工厂，一律都是答录机，仿佛这上帝都不工作的假日，工作的人都是有罪的。

直到午夜，还在试图寻找解决的办法，咨询每一个能联系上的朋友，而所有人的答复都是只能等到假期结束。当全部努力都以失败告终，他不得不遗憾地放弃这次来之不易的赛前最后的训练机会。

就这样，每天都在面对层出不穷的问题，每天都在希望与失望间辗转，好似打通关游戏，每解决一个问题对未知的担忧好像就会少几分，但下一个问题又接踵而至。

跟Jean聊起这些，他说"Xu，欢迎来到迷你选手的世界"。不是在修船，就是在修船的路上。之后几个月的经历，让我们更深刻了解了当初他这句话的含义。

五年之后，徐京坤在环球航行的最后一站跟我说，或许一个好船长必须得走过一万次想放弃，却第一万零一次选择继续的成长蜕变吧。了解离岸单人航海的真相，然后仍然能继续热爱它，或许就是真正的水手了。

然而就是因为这样一段太过曲折的旅程，才让我们如今想起，能够时时微笑，这个年轻人曾为了一个小小的梦想，披荆斩棘，竭尽全力，未曾辜负那段青春年华。

那些别人都不工作的周末，别人都在沉睡的午夜，你的不眠不休都是有意义的。努力从来不会白费，每一步都算数。

第二十四章　BSM的第一个亚洲人

经历了一波十三折的一次次发现问题和解决问题的挣扎前进，终于万水千山地走到这儿，站在了第一场资格赛BSM的起航线上。

组委会为了应对莫测的天气，同时公布了6条备选航线，这在整个MINI的历史中都是从来没有过的。任何一条航线计划的准备都至少需要七八个小时，而距离起航只有2天了，即使不吃不睡，准备好6个航行计划都是不可能的。

雪上加霜的是，欧洲和美国两个天气预报系统对于未来两天这个区域风力风向的预测截然不同。起航当天的船长会上，组委会仍然没有确认比赛路线。直到所有船长已经在起航线附近集结，才通过电台宣布跑路线4，但临时增加3个绕标点，而这3个绕标点信息是早餐前用法语通知的，其他国际选手毫不知情。要不是起航前徐京坤发现英文版赛事规则的翻译跟法文版不一样，去找赛事秘书确认，就肯定要错过这个信息了。

如今忆起这场比赛的过程，那份激动与紧张依然清晰如昨。529的出发非常顺利，第六位起航，第一阶段绕格鲁瓦岛，后穿越伊尔杜阿，一直保持在第一集团，甚至超过了不少改装过的公开级别赛船，直到赛程中段，还排在第9名。

通过跟冠军船的路线对比，529前半段的路线几乎跟835完全重叠，路线干净，一点儿冤枉路也没走，对于一个新船长的第一场比赛，顺遂得超乎想象。比赛给了京坤更多信心，原来我们也是可以跟世界上最优秀的选手一较高下的。

午夜到来时，进入了将近6小时的无风带。就在已经瞄到终点线的橙色光标的海湾入口处，529被困在原地。尽管尝试了各种努力，仍然无济于事，还被巨大的海流压着倒退了一海里多。

缺乏本地海域的航行经验，在小风角逐中显现出了劣势，没能优先选择近岸航线。京坤说这场比赛让他第一次学会了原来在比赛中还可以抛锚。

在终点等他的我，看着定位系统上越来越远的529，心不由得悬了起来，不知道到底出了什么问题，竟然会朝着终点的反方向移动，万一拿不到积分，一切就结束了。

组委会的Natalia大约看出了我的担心，忍不住来劝我，"Sofia，无论发生什么，记住他在做自己喜欢的事。如果你的担心已经影响到他享受他的比赛了，你就不该待在这儿。"这些话后来一直影响着我。

本来惦记经过一夜无风的战争，他到达时会疲惫不堪，或者懊恼于原本占得先机的比赛却没能守住优势，结果我见到的竟然是一张在过去马不停蹄的一个多月里许久不见的笑脸。连组委会的主席都说，看到Xu的笑脸，我就知道他是真的在享受比赛。

赛后颁奖酒会，许多船长都会跟这个好像从天而降的中国船长聊聊，"Xu，你觉得怎么样？"京坤总是带着灿烂的笑容回答，"这比赛太有意思了，我喜欢，我非常喜欢。"

参加世界顶级的单人跨洋赛事，到单人离岸水手的圣地训练，这个在他心里藏了快两年的梦，就在今天第一次具象地走到他面前。在比赛中操控这艘精致的小船，跟世界最棒的船长们切磋，领教大西洋沿岸天气的诡异多变。单人离岸赛的世界好像终于对他打开了一扇窗，让他得以管窥一豹，将其中的绮丽品尝一二。

就像树下踮起脚尖要扒开繁茂枝叶窥探阳光的少年，京坤自然知道接下来定会有比这段时间更艰难的路要走。可是树木枝杈罅隙里透过来的阳光，那般明亮，总让他想起那段迷茫岁月里终于寻见点儿希望的救赎与安心，他怎能不拼尽全力去找呢。

那些天，布列塔尼一直在下雨，独独529到港的时候，天边竟然挂起一道彩虹。雨过天晴大约是我以为的能够让人心生悸动的最美好的三两词汇之一。

徐京坤的逐梦之路似乎也是雨过天晴。第一场比赛前的最后一刻找到自己的船，一波十三折地站在起航线前，顺利拿到第一场C级积分，一切都正往好的方向走去，虽然缓慢，可是一步一步，一直在前进。

比赛前的最后一日，我们做了新船贴，红色的中国龙，托起"CHINA DREAM"两个词，从午后到夕阳的最后一丝余晖落尽，529有了新的模样。

码头集结的赛船亮起了桅顶灯，璀璨如星空，却又切近得好似踮起脚尖就可以触摸到。有时路看起来到了尽头，再走走，发现不过是在转弯。柳暗花明，又一段路，一样不会容易，那就继续走走看呗。

不管"心急如焚"，还是"马不停蹄"，抑或"别无他法"，都不过是路上的断桥、残路，寻了土石、林木来补，总有法子变成"心想事成""马到成功"和"别有良图"的。

全新的梦想号终于起航了，从洛里昂到波尔尼谢，150海里，140位船长，其中有一位Xu，来自万里之外的中国，是这个比赛历史上的第一个亚洲选手，他的船，叫CHINA DREAM，梦想号。

第二十五章　勇敢是热爱的附赠

波尔尼谢是情人海岸上一座不起眼的小镇，相比其他村落，算不得绮丽，亦称不上古朴。而不过十余里外就是赫赫有名的圣纳泽尔，拥有法国唯一一座能够容纳超级战舰的诺曼底干船坞。

改变二战格局的诺曼底登陆中最重要的一步——偷袭德军战舰这个"不可能完成的奇迹"就发生在这里，丘吉尔一手创建的英国突击队完成了这一古往今来伟大的奇袭。

或许所有的不可能都是为了成为可能而存在的。几个月前所有的来不及，终于在第一场比赛拿到积分后，掀起了一角希望的盖头。

到港后的那个下午，我们第一次慢下来，暂时不用跟时间赛跑，不用理会头顶悬着的那个滴答滴答的倒计时，沿着海边的小路走走停停。

近一个月的马不停蹄，在这一刻竟然已经恍若隔世。不过25天、600个小时，太多的起伏悲喜接踵而至，翻译变卦，考试改期，船只没证，体检不合规……

船上各种零件坏了又坏，法国人民各种假期放了又放，跌宕的情节和密集的情绪被塞进了窄仄的时间容器，于是每一分每一秒都好像被延长了似的。第一次明白了别人口中的一夜长大或许就是这个意思，成长从来不必循序渐进，时间总是随心所欲，跑得或快、或慢。

这一日不是周末，沙滩上仍旧许多人。太阳多日不见，今天难得露了脸，大家尤其珍惜。陪孩子嬉戏的夫妇，携手而行的老者，奔跑笑闹的少年，卷了书来读的闺蜜，不知说到什么开心事，嘻嘻哈哈地笑开来。

路对面是一栋栋简约的白色公寓，大约都是战后重建的。穿过去，竟也有些小路周折。野花开了，空气里阳光氤氲开来的香气，好像时间也为这样的日子，偷懒不肯快走了。

终于拿够C级赛事积分，迎来了第一场B级赛事——300海里的波尔尼谢精选赛。相比一两天航程，不需要考虑睡眠规划的C级赛，三四天航程的B级赛事，要面对的问题更多，被称作跨洋A级赛的试金石，许多人折戟于此。

前几天艳阳高照、风平浪静的波尔尼谢，似乎不过是被布列塔尼阴霾折磨的众人一同入梦的幻影。起航那天，仿若一把巨大的冰锤狠狠砸在这海岸小城之中，四溅的冰沫将波尔尼谢一把拉回到了瘆人的寒冬。

下午起航，已然是30多节的大风。预告里说，这风必然越来越猛。甫一起航，就有三四条船出了状况，只得返回修理。

本以为这样30多节大风的比赛，组委会的各位都该如临大敌，格外紧张才是。没想到船长们一起航，赛事总监、裁判和志愿者们就回到赛事营，端起咖啡，津津有味地看着大屏幕上的实时定位聊起天来，一副司空见惯的模样。

看着529竟然抢位成功，第一个起航走了，他们很有兴趣地向我问起徐京坤的航行资历。听说船才买了不到半个月，露出怀疑的神色来。

再听说是要参加当年的MINI TRANSAT单人跨洋决赛，纷纷摇头的摇头，劝阻的劝阻，大约他们心里也觉得不可能吧。但没有一个人来与我解说这"不可能"的原由根据，我便继续相信着这所谓"不可能"的可能性。

从海上回来的一位裁判老先生不知这里的直播盛况，特别惊讶地跑进来大吼，"那个Xu，竟然在前面起航的！"转身见我竟然也在，直笑着对我说，"good，good！"

此时又陆续有几条船呼叫报修，而徐京坤为了不在午夜时分深陷暗礁群，希望在天黑前能多跑一点儿。风力又一次升到22节，他还在用大球帆撑着。

一个顺风转向，自动舵失效，球帆瞬间落水，船体大幅倾斜，人也跌在了船舷边上。最轻薄柔软的球帆落水，几乎称得上单人航行里危险系数最大的意外，许多知名选手都命丧于此。

试图把球帆从狂风和巨浪手里抢回来，便是一场与自然的角力。都说与天斗其乐无穷，其实真正到那一刻，你才知人类之渺小孱弱。

如若不想伤及球帆，身体必须最大限度地前倾，尽可能探向海面，找好角度，借力捞起球帆。一个不小心，不是扯碎球帆，就是整个人被一起拉进海里。有的人就此人船分离，甚至被帆面纠缠拖进海面之下，抑或被颠簸摇晃的船体撞了头失去意识，足称得上生死一瞬。

赛后见到他，左手的断臂上多了几道紫红色的勒痕，右手的五个指甲都只剩一半还连着肉，想是救球帆时，用左臂勾着护栏保持平衡，右手去抓球帆。风浪的合力巨大，险些把整个指甲都掀翻。他不肯撒手，死命拉住球帆不放，猛地将球帆拉回甲板，脚下失衡跌坐下去，帆面带着海水狠狠砸在脸上。虽然球帆破了两个不小的洞，好歹总算救了上来。

他说当时手火辣辣的合不拢，只想着球帆千万别有事，不然下场比赛来不及补，到港后才发现五根手指都疼得像是被浸在辣椒油罐子里一般。

接下来依然不得不继续与海水打交道。直到年底到了加勒比海，他的指甲也没机会长好，就这样一直只有一半肉连着，稍稍用力指甲与皮肉就又脱离开一些。

他有时候会看着自己遍布伤痕的手半开玩笑地跟我说，"你不知道我小时候皮肤可白可细了，班级里的女同学都羡慕，这只手跟了我真是吃苦了。"

关于奋不顾身去救球帆，我曾与他讨论，比如大家都会问的话题，值不值得用受伤来保住一面帆，那不就是钱的事儿吗？丢了坏了，花钱解决呗，何苦伤人。

徐京坤说，别说那面球帆对他而言不仅仅是钱的问题，更是梦想的可能性。不把帆救回来，连补帆的机会都没有。以当时的经济能力，根本不可能再购买新帆，下场比赛就没有球帆可用了。

也别说事情发生时，根本不会给你时间机会去小心翼翼地衡量利弊得失，晚一秒海浪就可能把帆扯成碎片了。

单说即使这事再发生千百次，他也还是会义无反顾地去救帆。这是一个船长的偏执，他的船是他的兄弟，他的战友，是他在茫茫大海上以命相托的伙伴。

什么是"船长"？不是会开船就可以，而是那些真正见识过暴风骤雨、惊涛骇浪之后，仍然深深热爱着他的船、他的大海的人们。

对于海上的风险他们知道得比谁都清楚，但是在这样的危险面前，他们还是会不顾一切地去保护好他们的船，那是一个船长生命的一部分，这也是为什么无论是泰坦尼克号，还是其他我们熟知的那些海上的故事里，船长总是坚守着和自己的船待在一起。

我曾同徐京坤聊起勇敢。他说，勇敢不勇敢，取决于你到底有多热爱。生命宝贵，每个人都应该珍惜生命。但是有那么一些人，他们深深地热爱着他们的职业，比如科学家、医生或是水手，没有什么职业是不危险的，人类第一次吃番茄都以为自己会死去。

但是如果因为害怕受伤死亡，就谨小慎微裹足不前，这个世界将是什么样子的？如果不是怀着不顾生死的热爱，航海这件事就根本不会存在。

为什么我们年轻的时候会迷茫，大约就是因为没有找到自己的热爱，那种为了它可以奋不顾身的热爱。只要找到了，谁都可以是勇者。勇敢从来不是抉择，而是一种不自知的真诚，一种源于热爱的附赠。

第二十六章　暗礁群里定位失灵

布列塔尼大区，被法国人称为"世界的尽头"，粗犷的礁石海岸，间或洒落着些许平坦异色的沙滩和精致明媚的小镇。大西洋澎湃激昂的潮汐是布列塔尼的灵魂，每天两次，来而又去，去而复回，带米传说，带走故事，宛转如凯尔特音乐里风笛的悠扬绵长。

布列塔尼的天气也好似这来来回回的潮汐一般，五日阴两日晴，孩子似的无常。在法国参加的所有比赛，从未曾有一场比赛无风无雨地走过去，总是暴风与无风参半，折腾你没商量。

这场300海里的波尔尼谢精选赛，距离就跟青岛到上海差不多，但是整个航程却像是机关密布的寻宝图。绕标点有二十多个，伊尔杜阿岛有沉船，约岛有渔网，美丽岛近了无风，远了洋流大，还有大船交通不断。

北面格鲁瓦岛有独立危险物，南面海底峡谷有礁群密布，两昼夜奋战后当你好不容易接近归途，风向会忽然逆转，让你只能逆风进港，不断地之字形转向。

一个人在船上，每一次调整航向都绝非易事，要做太多动作，稍微懈怠或是精力不支，错过最佳转向范围就要多绕很多路，一个不小心，又要天黑进港，天黑后的波尔尼特湾如果你试过一次，绝对不会想走第二次。

并且这场比赛还要求到达全部岛屿港口后，必须联络信号塔，报告方位、路线，记录时间、联络信息，填写航行日志。一个比赛有赛事频道、安全频道，不同的码头还有各自的工作频道，三频监听也不够用。每过一个航点，都要改变航向，调整主帆球帆，监听无线电频道联络、记录等。

你只有一个人，万一错过一个绕标点，发现了还好，逆向折返就行。虽然费时费力，好歹还有拿到积分的可能。如果没有发现，就拿不到成绩，参加决赛的希望也就彻底幻灭了。

出发前所有的船长都在试用暴风帆，为应对当天夜里即将到来的35节以上的大风做着最后的准备。整个码头，除了风把支索吹得像战鼓般哒哒作响，几乎没有别的声响，沉闷得像天上的乌云。

大海之上从来没有固定跑道，每个选手都可以根据风浪，因时因势做出自己的选择。船长们面临的第一个分叉路就在基伯龙，这里流动强烈，狂风跟海流对冲，有连续几海里的陡浪区，对船长和船都是巨大的考验。

赛前我这个外行一再建议徐京坤还是安全第一，走远路，绕过这个区域，他一直说看实际情况而定。我知道他心里一定有冲过去的打算，果不其然，午夜将至，他还是选择了从这里穿越，好在安全地加入第一集团，并闯出了陡浪区。

第二天晚上，预告中的35节大风如期而至。航行到美丽岛区域，529选择了风力略小的沿岸航线，结果赛前最担心的事发生了——GPS毫无征兆地失灵了。

近岸航行中失去定位是船长们的噩梦。没法预知水深，随时会触礁或搁浅，尤其是在这样大风又阴天的夜晚，能见度低，浪又混乱，分秒之内就可能船毁人亡。

在颠簸得好似搅拌机的船舱里滚来滚去，还要时不时探出身来查看周遭海况，折腾了足足两个小时，才终于让GPS恢复工作。

接近午夜时分，整个海面漆黑一片，如同被弥天的黑布罩住。为了保持电力供应，529只开了航行灯，还有GPS仪表盘泛出的荧荧绿光。身下青墨似的大海翻起鬼魅般恐怖的浪涌，一波波砸过来。每每横浪而行，那排山倒海的力量如同几个壮汉齐心合力猛推在身上，不由自主地跟跄翻滚，要不是紧握了护栏，身上又有安全绳，人早就被拍下船去了。

风越来越大，继续等下去，再想凭借一个人的力量降帆就是妄想了。大风会折断桅杆，伤及船体，甚至导致沉船。可是不等，在这样的颠簸里去升降帆也是九死一生。

没有时间思考太多，徐京坤弓着腰，半走半爬来到前甲板，用整个身体的重量一点一点拉下前帆，试图换上暴风帆，但连一两秒的稳定都做不到。

529摇摆如游乐园里的疯狂斗牛士，他整个人也绕着桅杆飘来荡去，膝盖、手肘、额头，咚咚地撞在桅杆、帆杆和甲板上。顾不得疼，他只一心盯着帆道滑轨，一次次试图把帆边塞进去。也不知过了多久，总算升起了暴风帆。

风继续增强，呼啸了整晚，直到天亮才有了一丝停歇的意思。中午太阳升起，照在这到处是海水，到处是散落的绳子和帆的小船上。大海现出不同于昨夜的温柔模样。经过一夜奋战，航海服上又多了几个口子，海水流进去，在太阳的炙烤下，慢慢析出一层层白色的盐分。皮肤又疼又痒，却连反抗的力气都没有了。

五十多个小时没睡，人开始变得有些迟钝，靠在自动舵旁边，仿佛在思考着什么，又仿佛不过是晃了神。慢慢积攒着最后一点儿力气，起身去换个大号球帆。

离终点只剩下14海里了，希望就在眼前。然而调皮的大西洋却好像一点也不理解他期待到港的迫切心情，耍脾气似的带走了所有的风。眼前这骤然间变得波平如镜的蔚蓝，与昨夜那混沌难测的青墨竟全然不似同一片海。

又是三四个小时过去，所有的船都在原地打转。再不来风，恐怕天就要黑了。这时一直不断转向找风的529竟然奇迹般地有了两三节的速度，曲折着逆风前行，一步一步往终点缓慢挪动着，竟然还甩掉了两艘船。

可是正当我以为他顺利逃出无风区的时候，忽然屏幕上的轨迹来了个大转向，529竟然往反方向驶去。不知道发生了什么事，我甚至疑心是不是他的GPS失灵，人又不清醒，搞错了航向。

眼看着可能无法完赛，拿不到积分了，心里不由自主地一遍遍念着"跑错了，跑错了，快回来！"，幻想这世间真能有心电感应，让他听见我的声音，快点改正航向。赛后才知道，原来当时他发现自己错过了一个绕标点，幸好没有风，几个小时才跑出来一两海里，顺风回去补绕还好来得及。

虽然顺利拿到了积分，这场比赛却让徐京坤耿耿于怀。接连遭遇了自动舵失效、球帆落水、GPS失灵、被缆绳绊倒等一大箩筐的千钧一发。

而且整个比赛中，大西洋的风就好像专门在同他作对一般。黑一天就刮起大风，害怕伤了船，只好升着暴风帆一点点往前挪。刚逆着风绕过最南端绕标点，船一转向风就又停了。再起风，风也跟着转向，还得逆着风跑。好不容易快到港了，又没风了。忽然来点儿风，本来一直是东风、东北风，刚要进港就生生转成了西风，逼着你继续逆风航行。他气得在海上直和天气吵架。

虽然一直被风捉弄，却意外地在约岛附近遇见了传说中暴风里会现身护航的海豚，围着529游来游去，从午夜一直跟到天亮风小了些才散去。想要给它们拍个集体照，竟然特别听话地随着他的招呼聚到船头来，你一个跳跃，我一个摇尾地摆了各种姿势入镜，妙不可言。

多年后，他再次忆及这段航程，想起的并非那暗夜里孤身一人的茫茫，而是风、云、星、月，岛、鸟、浪、鱼，低空掠过的飞机，擦身而过的客船，正午时暖的日头，暮色里亮的灯塔，还有心上思念的人儿。

在那片大海上，他遇见了所有不可能的可能。

第二十七章 "帆船麦加"地狱里的B级赛

去码头等529到港，已经出去的一艘裁判船看见我在大坝上，又返回来接我。由于赛船都没有引擎，进港、停泊需要靠一艘裁判船拖进来，所以到达船只经过终点线后，都会有等待着的裁判船拖它进港。

通常裁判船都是等在终点线附近的，今天为了我，一直飞驰了将近一海里。第一时间见到了在海上独自奋战了三天两夜的徐京坤，果然还是那一脸笑得没了眼睛的灿烂，淡蓝色的球帆，红色的中国龙，还有大大的CHINA DREAM。

我们一路跟着529，看着他做了个干净利落的转向，冲过终点。海上的几个裁判一直在聊着徐京坤的每一个动作，他们说，如果不是亲眼看见，永远没办法相信竟然有人可以用一只手把这条船控制得如此服帖。

529进港的一刹那，大坝上的船长们，组委会的各位，还有开了三个多小时车来到这里的Christian，欢呼着"太棒了""干得好"，场面甚至比那个漂亮的英国女船长到港时还要热烈许多。

徐京坤走进赛事办公室的瞬间，同样得到的是英雄般的待遇。大家起身给他鼓掌，每个人都走过来与他击掌或是拥抱。他多少有点受宠若惊。

后来他跟我说，好像就是那一天，第一次感受到自己用这几场比赛的表现赢得了尊重。大家开始认可你，你不是随便来胡闹的谁谁谁，而是一个让别人可以竖起大拇指的水手。这种感觉真的太棒了。

颁奖仪式上，京坤的奖品是一本航海书。裁判打趣说，读了这本书，或许下场比赛Xu就会说流利的法语了。

又一场比赛结束，波尔尼谢小镇再一次换上了明媚安宁的柔顺面孔。船长们在下一场比赛来临前，得以偷闲这三两日的暖阳。

那日起航后，原本答应顺路搭我去朋友家的车临时取消了。我无处可去，恐怕要在组委会的大棚凑合三天。正发愁的时候，竟然在现场遇见了一位看了报纸知道有中国人参赛，特意来寻我们的华侨。杨姐是原八一女篮的队员，定居法国很多年了，她先生是个铁杆帆船迷。

她家的度假公寓就在码头对面，知道我们俩住在船上，特意把钥匙留给我。到港后，三天没睡觉的他几乎站着也能睡着。船舱里到处都是海水、散开的帆和缆绳，又冷又湿，根本没地儿下脚。我故作神秘地跟他说，"我带你去个地方"，就把他拉到了杨姐家。那里我已经煮好了米饭，还烤了肉排。

热的食物，干的床，还能洗个热水澡，从没奢望过比赛结束还能有这么美好的一切，他说我简直是个魔术师。

有了正常的厨房，终于不用再吃一锅烩。在这里他为即将到港的战友烙了牛肉馅饼，用中国美食俘虏外国朋友，还尝试教我如何骑自行车。在波尔尼谢小城，我们度过了假期般美好的两日。

一起比赛的老船长 Hervé Aubry 是本地有名的船帆设计师，上一场比赛中撕坏的球帆就拿到他那里去补。他邀了徐京坤去参观他的帆厂，顺便取帆。

曾效力于法国国家队的 Hervé，最初不过是为自己的船寻一面好帆。研究得久了，竟成了专家，索性开了工厂，专给 MINI 选手设计船帆。529 的帆用了 6 年，跑过两届跨洋，这几场大风下来，前帆已经磨得有些透光，随时可能在大风里碎成几段。

聊起下一场在滨海拉特里尼泰进行的五月迷你赛，这 500 多海里的航程，Hervé 用 "可怕的地狱" 来形容。他说几乎每一年的五月迷你赛都是暴风骤雨，去年更是超过一半的船都没能完赛，年年都有大把渴望晋级决赛的船长止步于此，MINI 选手都称它为跨洋的半决赛。

滨海拉特里尼泰是法国贵族最爱的度假胜地。除了矗立千年的神秘巨石，传说中旖旎的百岛海湾，更以帆船麦加之名闻名于世。码头里常常停着些百余尺的巨兽，创造着日行 700 海里的奇迹。

没有心力时间去欣赏这座小城的婀娜美景，决赛前的大考已然近在眼前。风力图上是一片让人心惊的橙黄，航程前半段雷雨天气将带来 40 节上下的大风，中段靠近雷岛又会是持续几小时的无风区。绕标返航后虽然雨势渐小，却仍将一路逆风。一场恶战在所难免，然而现实却比预料的更加曲折。

自赛事集结以来，已有十余日，滨海拉特里尼泰竟没有一天放晴，所有的船帆都湿漉漉的，船舱里更是没一处干爽。不知是不是这群船长的心愿念力太过强大，起航前一日的下午，太阳竟奇迹般露了两个小时的脸。

赶紧检查 529 的船帆，一寸一寸地把磨薄透光和纤维断裂的脆弱处贴上帆贴，希望它能安然陪自己熬过这场大考。

刚安好太阳能电池板和用于人员落水救援的船钩绳索，雨就又下了起来，连港池里都被雨滴惊扰乱一片混沌。自买了529，这一个多月还没来得及清理船底，虽然没有氧气装备，也必须下水去清一清了。

借来的潜水衣太小，勒得生疼。水温不过七八度，可是害怕冻得抽筋，又不敢不穿。憋了气潜下去，每次浮出水面的位置不定，有时船头有时船尾。我盯着他在哪一处冒出头来，赶紧抛个绳子过去，让他喘口气再继续。

来来回回二三十趟，呼吸声变得越来越重，左臂冻成了紫色，又被绳子勒出一道道白痕，格外显眼。从水里爬上浮桥，坐在那儿好一会儿没有动。虽然隔着一层层的雨幕，我仍然看分明了那背影里的倦意。

这一个多月，一直在修船、比赛、修船、准备下一场比赛的可怕循环里周而复始，未曾有一刻胆敢懈怠。每一日都有新问题，每一场比赛都可能是最后一次机会。任何一点疏漏意外，都可能杀死他的梦想。

尽管如此，他知道真正的考验还没有到来，他必须做好一切准备，去跟愈加可怕的风浪战斗到底。未曾料想的是，接下来他连抗争的机会都差点失去。

风力接近40节，海流2节多，逆风逆流，暴雨倾盆，三个绕标点都在暗礁群里，十三条船连环碰撞退赛维修都不算什么，更可怕的事情还是发生了。由于海况太糟糕，才跑了20多海里，所有船长就收到缩短航程即刻返港的通知。

四天后这里将要举办环美丽岛帆船赛，也就是说五月迷你赛必须在四天内完成。可是一等再等，天气也不见好转，眼看着500海里肯定跑不完了。

组委会决定把赛程缩短到300海里以下，这简直就是晴天霹雳。这就意味着，即使按照我们想象的参加并拿到这个赛季的所有比赛积分，也达不到MINI TRANSAT的积分要求。想要参加跨洋决赛，只能等两年多以后的下一届。

第二十八章 暴雨里的脱帽致敬

记得当初来法国前，徐京坤问我，"你觉得一个赛季拿够积分参加决赛可能吗？"我回他，"理论上可行，只要人不出问题，船不出问题，天气也不出问题。"

一场场比赛打到今天，人虽疲惫却未有一场失误，船虽时有故障却未有大伤。但没想到最后，竟然是天不遂人愿。

去跟组委会沟通、解释这个原由，组委会只说要看天气，也要看四天之内你们能跑多远。下午组委会发布了两条270海里的航线，我不知道徐京坤带着怎样的心情在准备航行计划，大约就如同眼前这压城的乌云一般吧，一点光亮都寻不见。

傍晚六点，增加了一条新线路；晚上九点，又加了两条。一天之内变出5条航线，船长们索性不肯白费力气准备了。谁都知道第二天早上很有可能会再来一两条，而且看眼下的风力，能不能起航尚且未知。

果不其然，第二天一大早，发布了300海里的第六条和第七条航线。同时带来的一个消息，就像乌云背后太阳镶上的金边，让我们看到了一点希望。

组委会决定认可第一天跑的那50海里航程，也就是说顺利的话可以拿到350海里的积分。如果再加上下一场MAPs的200海里，徐京坤就可以一分不多一分不少，恰好达到决赛的积分要求。

虽然气象官员不断在重复着接下来三天海上的可怕状况，一日大风，一日无风，再一日若不到港，又是40节以上的暴风雨等着你，但此刻徐京坤的心里却是大雨初停，好似再往前行就能遇见一道彩虹。

与过往的任何一场比赛都不一样，这一次的船长会，几乎一直在讲救援的问题，一再强调救人不救船，奉劝各位船长不要冒险，状况不好务必选择进港避风，退赛总比沉船来得好。尤其这次的航线还要经过臭名昭著的森岛海域，拉兹角的浪涌和暗礁是勇士的丰碑，也是水手的噩梦，每一年都有船长在这里长眠。

比赛的第三天，终点附近，586与529焦灼纠缠了四五海里。经过几个技术转向，终于还是529领先几个船位冲了线。进港后，586的船长脱下帽子对徐京坤深深地行了一个礼，说了一句"佩服"。

码头上的船长都停下手里的活，静静地看着这两位从风浪里归来的战友。雨仍旧下着，天黑得末日一般，整个世界好像被按下了休止符，连雨滴都变得静默。只有并排停着的586和529船体上的红色图案格外动人，那一幕像一幅用色大胆的超现实主义油画，深深印在了众人的脑海里。

后来遇见586的船长，他给我讲述了这样的故事。他是洛里昂本地人，靠制作修理门窗为生，妻子全职在家照顾三个孩子，经济状况算不上好。但就因为心中那个不灭的航海梦，两年前贷款买了这条MINI。

一直没拿够决赛积分，原本寄希望于今年，结果年初砸伤了右手的两根手指，很长时间不能正常工作，家庭经济愈加紧张。妻子本来就一直反对他航海，他自己也考虑到手都受伤了，恐怕更加无缘决赛，于是就动了卖掉586的念头。

我们第一次见面，就是赛季开始前找船的时候。586的状况比529好很多，没怎么出过力的船，配置也不错，但价格也高了不少，所以最终没有买成。

但从那时起，他就知道了有个来自中国的Xu，只有一只手竟然想来参加MINI TRANSAT。他于是不自觉地关注着，看到Xu一场接一场的比赛，没有放过任何一个积分，还不时有出彩表现。

从怀疑到讶异，他不禁想到自己，不过三五岁就跟着父亲航行，自己显然比这个一只手的中国人更熟悉眼前这片海和那条船。如果徐都可以，自己又有什么不行的？

于是他撤掉了卖船广告，来参加五月迷你赛。虽然输给了Xu，可是他也拿到了积分。也许两年，也许四年，他相信自己一定也能站在跨大西洋的起航线上。

第二天，赛事官网的封面换成了一张China Dream上的笑脸，法国、德国、西班牙的主流体育媒体花了不少笔墨介绍这个突然在MINI比赛里出现的中国面孔，不约而同地用了"难以相信完成这一切的是个亲切的中国人"这样的惊讶字眼。

尽管裁判忘了用英文发令，走了几条船才在VHF里确认已经起航；尽管被搅拌机似的颠簸船舱折磨了五十多个小时，右肩膀旧伤又犯了，疼得抬不起胳膊；尽管紧赶慢赶还是在午夜才进入暴雨闪电里的雷岛海峡；尽管再一次被困在约岛无风区几个小时不能动弹；尽管三天只睡了一个小时，到港时连奖都不想领，只想一头扎进船舱呼呼大睡；但是帆没有破，船没有坏，天气也没有继续恶化。顺利跑完了300海里，拿到了如此珍贵的积分，同时也把参加决赛的希望攥在了手里。

比赛结束后，滨海拉特里尼泰的天气，一反比赛时的狰狞可怖，现出了春日里假日海岸的悠然。码头里的巨兽们在微风里踱步似的跑完了美丽岛绕岛赛，船长们端着红酒语气轻松地聊起前几日MINI船长们面对的飓风。

而从那飓风里走出的MINI船长们，仿若从另一个世界穿越而来。眼前的风平浪静、晴日暖阳，都海市蜃楼般美好得不真实，甚至不敢起身去一探究竟，害怕像泡沫似的，一戳便就破了。

许久之后，同徐京坤谈起那一年的比赛，发现果然所有MINI比赛都是在暴风骤雨间或无风的恶劣天气里进行的，每场比赛结束后都是艳阳高照的好天气。或许这就是水手国度布列塔尼"厚待"船长们的方式吧。

为何布列塔尼可以自信地说，世界上99%的好水手都来自这里，大约就是因为跟暴风骤雨长久相处，而学会了如何用对自然的敬畏去对抗敬畏。

在布列塔尼成长的船长们，见识过这样的惊涛巨浪、暴雨狂风。他们最了解大海的恐怖和人类的渺小，他们也最知道如何在最深的恐惧里对抗恐惧。出发，战斗，再回归，重逢的船、人、岸，都已然不同。

第二十九章　英吉利海峡的"零度"修行

如果没有勇气告别陆地，长时间与茫茫大海为伍，就不可能发现新大陆。于许多人生而言，这话不过是意象。所谓惊涛骇浪，只是生活里的波折，虽然湍急却可转身归岸，歇歇脚再继续扑腾，不至于真的伤了性命。

而于船长们而言，这却真真切切是他们的际遇。刚从地狱归来，尚未停歇，更可怖的北大西洋风浪已经在召唤。想要进军决赛，除了从D级赛到A级赛的1000赛事积分，还需要至少1000海里单人不间断的资格航程，从法兰西到爱尔兰的周折往复，200多小时的不间断航行。

看看天气预告，只有两天的窗口期，过两日又是连续不断的大风天。如果这时不走，下一个可以出发的日子就得等到至少一周后，那时很有可能会错过下一场比赛的集结。万一有个差池，再跑一次的机会也许都没有了。

虽然刚刚经历了一场精疲力竭的恶战，方才到港一日，却也别无选择。大致整理了一下船，做好航行计划。因为是周末，只得临时在小超市买了一点儿方便面和矿泉水，就向MINI联盟发出了资格航程申请。

第二天凌晨4点多启程往爱尔兰去，计划直接把船开到下一场比赛的出发港口杜瓦讷内，也就是说要连续不断地跑1400多海里，相当于从青岛航行去三亚的距离，顺利的话要在春寒料峭的北大西洋航行9天到10天的时间。

这是他第一次跑这么长距离的单人不间断航程，而且还是在从没航行过的北大西洋海域。关于北大西洋，百度排名靠前的关联问题是"北大西洋有多可怕""北大西洋的海水有多冷"。

这里的海况之恶劣程度，让其航海评级被单独列为1.2。据说二战期间海战落水幸存率最低的就是这里，巨浪与严寒，如同两只夺人性命的猛兽，镇守着这片汪洋。

不同于参加比赛，资格航程是个人行为，没有实时定位，没有岸队追踪救援，所以也是MINI所有航行中唯一可以携带电话以作应急通信的。这也让我第一次得以同步触摸到一点点他一个人在大海上的兴奋、低落、孤独、恐惧，甚至濒临崩溃的情绪起伏。

如今想来，这一段冰冷的航程，甚至比真正的TRANSAT还要艰苦许多，好几个夜晚京坤都觉得自己好像冻得快要昏死过去。在航行日志里他这样描述出发后的前三天："一路逆风28节左右，伴随着时不时的冰雹。过英吉利海峡到爱尔兰浮标将近500海里，越往北上，气温越低。今天只有4度，到处都是口子的航海服，既不防水，又不保暖。"

连续几天巨浪拍打，船舱如同水牢一般。屁股早就磨破了，水瓮在衣服里出不来，浸泡着伤口，像长了利牙的毒虫不断撕咬。把船上能穿的一切布料都裹在身上，体重增加了十几斤，行动笨拙如熊，仍旧无济于事，后半夜还是冻得抖成了筛子，甚至开始怀疑自己能不能撑到明早太阳再次升起。

18号爱尔兰气象局发布了大风预警，按规定他可以选择放弃航程，进港避风。可是这样一来，就会陷入被动。这几百海里作废不说，最后一场MAPs比完，离决赛资格提交的截止日期只有两三周。万一天气不好，就可能没有机会完成资格航程。

当时爱尔兰南下的风力已经35节上下，阵风更大，航速一度达到13节。529一直在自己的极限边缘游移，这样的天气对于一条用了6年旧帆的12年的老船而言，实在是太难为她了。舵柄断裂，前帆破损，连自动舵的磁罗盘也失效了，麻烦接踵而至。

我试图劝京坤放弃。接近零度的严寒里，疲惫再加上衣物的限制，他的行动缓慢笨拙。附近所有港口都封港禁航了，万一出什么意外，连被过往船只救起的机会都没有。

我知道无论前进还是后退，都是艰难的决定。他一直没有给我确定的答复，只说先看看。我知道他心里肯定是不想停的，停下来可能就意味着放弃，意味着之前所有的努力前功尽弃。

在成功安上备用舵柄之后，果然他选择了继续航行。可是自动舵还是不能正常工作，这就意味着人一刻都不能离开船舵。这几天的海况，他根本不可能有超过20分钟的睡眠。如果在第五六天，仍然不适度休整，人的身体极限已经不足以支持他保持清醒。而进入英吉利海峡，那里的商船往来频繁，哪怕十分八分也是不敢睡的。一艘万吨巨轮碾过529，就如同巨石压碎鸡蛋，连点儿大的声响都不会发出。

十几个小时过去了，直到21日上午，他进入了两个多小时的无风区，才有空给我发了个消息，那几句语音一直珍藏在我的手机里。与他相识至今，那是唯一一次见到那样的他，在面对那样极端的状况时，人性让他展现出一丝跟以往不同的柔软面貌，抛下了过往所有的坚强勇往，现出最真实的脆弱来。

后来才知道，就在联络我的几个小时前，他经历了什么。"20号凌晨3点左右，海图定位处在大西洋深处800米水深区。确认了船帆和周围海况后，决定进舱休息一会儿，以躲避破晓前最寒冷的时光。"

京坤刚躺下，一声震耳欲聋的巨响就把他惊醒了，同时一股可怕的力量把85公斤的他从紧紧卡住他的狭窄的后舱狠狠抛到了前舱。恐怖瞬间从每一个毛孔侵入，求生的本能让他迅速爬出船舱。船边什么都没有，没有暗礁也没有沉船，只有船体下面一片沸腾的白色水花，在航行灯的映照下泛出幽幽的绿光。

京坤开始拼命在脑海里搜索过去十几年航行里学到的所有逃生知识，应急程序在心里反复上演。他调用了身体的一切感官，仔细观察着529的每一寸，用心感受每一丝声响，生怕放过一点点预兆。

船已经完全停了下来，漆黑的海面好像下一秒就要将他和529一起吞噬。二战时，这里曾是人间的修罗场，吞噬了无数军舰、战机和生命。难道自己也注定命绝于此？

最让人心生恐惧的并不是死亡，因为死亡只是一瞬间的事，而与死亡对峙的时光才更让人惶恐。每一秒钟都可能是死亡降临的那一秒，而你逃无可逃。在死亡面前，一切生命都是手下败将。

不知过了多长时间，也许是一会儿，也许是许久，船竟又开始起速，动了起来。虽然觉得龙骨应该还是在的，京坤仍旧不敢妄动，继续紧紧盯着船体。可是直到天亮，什么也没再发生。

到港后，京坤第一时间跳进水里去检查，船底竟然连点儿痕迹都没有留下。到底撞到的是什么，鲸鱼、海怪，还是《海底两万里》尼摩船长的鹦鹉螺号，已然无从知晓。

我知道的是，如果那天撞到的是暗礁或者沉船，北大西洋就不会给我机会在终点等到529的归航。经过那一夜的与死亡对峙，徐京坤一个人继续航行了600海里，又面对了3个漆黑的夜。

我无法想象，再一次暗夜降临时，他如何入睡，如何让自己冷静地面对密布死亡恐怖的漆黑。

这些故事大都是我后来看航行日志得知的。他从不曾绘声绘色地讲起，就仿佛经历这一切的是另一个人一般。

他不是个善于讲故事的人，偶尔有人问起海上周折，他总是三言两语。他会诚实地告诉你，远航不是一件舒坦的事，也会告诉你海上有让人心心念念的美景与安宁。更多的他不知如何同你细致描述，或许只有亲历才能懂得。

第三十章　失联26小时

本以为已经回到法国沿岸，接下来的两天保持通信总是没问题的，结果在之后的26小时，经历了他的第一次失联。

以往比赛，虽然不准带通信设备，好歹可以通过卫星定位看见529还在有控制地移动，知道他肯定还活在船上。可是这次，他身上没有卫星定位标，定好的通话时间也没有音讯，这一段航行又恰好是在以杀人流著称的法国西北海岸。

从爱尔兰绕标点到法国南部的瑞奇博浮标这段路，刚过森岛，天气就转好了些，风力降到了十多节。终于看见了久违的阳光，中午用六分仪做了几次天体定位，把身上潮湿多日的装备脱下一一晾晒，赶紧用太阳能给电池充电，以应对最后几日的航程。

21号下午到了雷岛。原本天气预报说接下来都是十多节的温柔天气，跟我通完电话后，一进峡道，他竟然就遇上了持续3个多小时的35节以上的大风，桅杆抖得像扭麻花。

一周的航行过后，已经疲惫不堪，打起最后一点儿精神跟这诡异的风厮杀决斗，总算有惊无险逃出了峡道。

刚出峡道，就遇见不偏不倚的正顶风。船上带的食物有限，前几日天气冷，热量消耗大，如今食物已所剩不多。他知道自己必须赶紧去外海找风，困斗在这里，不知要被拖到何时，多拖一日，到港风险就多一分。

接下来的26个小时，我一分钟都没有睡过，一遍遍听他之前的语音，每一个字都好像暗含了呼救的信号。尽管心里有一份笃定，这200海里的路他跑过不止一次，十几节的风力，他绝对可以应付，不会有事，可是如果按照计划走沿岸航线，不会没有信号，这样无缘无故地失联，实在无从解释。

设想了一万种可怕的情境，再一一推翻，就像把自己的心敲碎，将碎片拣选拼凑，一一粘好了复又再敲，如此反复折磨千百遍，没有尽头。如果再过几个小时联络不上，就准备通报海岸警卫队，寻求救援了。

手机忽然响了，愣了好一会儿，生怕是幻觉。听见他的声音，眼泪止不住流下来，不敢埋怨他换了航线怎么没说，只赶紧问什么时候到港。去杜瓦讷内码头从天亮一直等到天黑，终于等到了流浪汉一般的他。

脸上现出日头蹂躏过的黝黑，嘴唇干裂，一排细细的口子渗着血，肚子深深地凹陷下去，整个人比出发时瘦了一圈，十天没洗过澡，身上散着油腻腻的臭气，头发也黏作一团，脸上、手上、胳膊上、腿上，有许多不知缘由的伤口，屁股看起来备受折磨，似乎已经脱过几次皮，新生的嫩肉还未及结痂，之后的许多天都不敢实实地坐下去。

可是即便这样，他还是在笑。没有风，20多海里的漫长海湾，拖了他足足一整天，那种急迫地想要到港的心情，竟然慢慢平复下来了。

在杜瓦讷内的礁石海岸，森森的夜色里我看见那带着貌似轻松的笑容归来的人，好似他不过就是出航了半日，略晚归了些的玩客，过去十天的低温、大风、浪涌和午夜不明物的撞击，好像都未曾发生过一般。

我常常半开玩笑地管这些要用6.5米的小船穿越大西洋的家伙叫"疯子"。如若不是同样疯狂地爱着，很难感同身受，他们到底为何如此执着地承受着这些艰险周折。漫长的海上时光，意外随时可能发生，一个不小心就没了归途。

在船上，长期的航行将人类的欲望压缩到极限。你不需要锦衣玉食，不需要雕花门窗，不冷、不困、不渴、不饿就是你的全部需求。这个时候，你必然开始思考什么是你真正重要的，什么是你所爱和所珍惜的。

"在海上我一直在想，航海是为了什么？你总要找到一个理由，花费高昂的费用去忍受痛苦。难道仅仅就是这些？我想航海或许就是一种修行、一种领悟、一种经历、一种回忆，也是一种财富。它让你知道什么对你才是最重要的：家人、健康、爱、生活、善良、好好活、有意义、一张干的床、一碗热的面。回家就是最大的动力，我要活着航行到彼岸，去见我的家人和朋友。"

每个人有自己不同的认识世界、认识自我的方式，而航海便是他的方式。有时远走，只是为了寻见故乡，桑梓比远方还远；有时航行，只是为了回家，港口有人在等你，那里就是家的方向。

这世上，获取知识的方式有千百种。有人行万里路，有人读万卷书，自然也有人用一艘船丈量世界。也许只有孤独才能让生命丰富而华丽，美学的本质归根结底就是孤独，而这也是他长航归来以后不断聊起的。

在抛弃了一切外在的束缚干扰之后，在广袤无际的大海中央，你只剩下孤独的自我，海天之间如此渺小的自我。而此时你的内心变得无比庞大，你不得不去面对，每一丝的恐惧、思念、急躁、愤怒、悲伤、遗憾，全部的情绪都被放大。你忽然成为一个极度敏感的人类。

这一刻，你第一次有机会细细品读自己的许多过往，你会疯子似的或哭，或笑，或怒吼，或欢叫。但你必须小心翼翼地处理这些情绪，不能太压抑，也不能太放纵。一不小心它们便会如洪水猛兽般将你吞噬。而你正处身大海中央，无所依傍。一旦情绪失控，没有人能够解救你。

徐京坤说，在海上你必须学会让自己从痛苦中走出来，否则人性的弱点会杀死你。这时候你有大把的时间思考人生、剖析自我，好的坏的都会想起来。想起姥爷的逝去让自己心疼得难以自抑，一边航行一边落泪，对家人和生活的思念与渴望愈发强烈。你必须让自己找点事情来做，以便调节一下心情。

当然在一条单人航行的赛船上，永远都不愁没活干，导航、定位、调帆，由于风力多变，而赛船敏感，不得不频繁地缩帆、开帆、换帆。有时候每个动作的间隔就只有十几分钟，足够让人疲惫不堪到暂且忘却刚才纠结的情绪。

地狱往往与天堂对门，在被欲望、焦躁、恐惧、孤独折磨的同时，美好也总是相伴而生。就比如这一次，一群海豚从法国一直跟着他到了爱尔兰海域，又陪他回到了法国。最孤独艰难的那几日，它们一直都在，也不知是不是同一群。徐京坤每天都会去跟它们说一会儿话，"你们好！谢谢你们陪着我。"这大约便是航海的独与不独了。

大海如同这地球上最广袤无际，又深邃难测的旷野，有幸走入其中的水手，得以在最深的孤寂里看透自己的内心，在生与死的兜兜转转中，如哲人一般追问生命的课题。

天上飞的鸟，海里游的鱼，雾里的灯塔，浪里的水手，在暗夜里惦记白昼，在启航后思念港口。单人远航如同一场没有经声烛火的修行，愿每一个船长都能成为劫后余生的童话中的主人公。

第三十一章　在法兰西升起五星红旗

2015年9月9日，是跨大西洋决赛集结的日子，也是徐京坤26岁的生日，他笑说自己再也不能用青年票了。

虽然在一群决赛的老船长中，他实在算得上是年轻人，但20出头时的肆意青春仍旧让他怀念，那是一段更一无所有、更无所畏惧的岁月。

他常常同我回忆起环中国海的那段日子。没有遇见我前，他只有梦想号。夜里，一盏小黄灯、一本英文书、一碗盐水煮面，每天都活得充实、有奔头，不用多想什么，努力便是，未来总不会比现在更糟。

那段日子不能说不苦，却让他无限留恋。如果有机会，他总是愿意再回到那条船上，去看看当初的自己，去那盏灯下拍拍自己的肩膀，告诉那个年轻人，他的梦想不是笑话，还有更大的海在前面等着他，继续走吧。

或许青春之所以诱人，便是鲁迅先生写下的那般，记忆里总有一个奋不顾身的闰土，单纯而勇敢，好像天底下没有他干不了的事儿。

历史上有很多活得汪洋恣睢的少年，20出头已经写下不少恢弘篇章，纵横捭阖，折冲樽俎，抑或射石饮羽，白鱼入舟。

每个成年人都曾有过少年，这话听起来甜蜜而哀伤。好多人一过而立之年，心中生长过的那个少年便被射杀了，死因不明，无人缉凶，开始变得恐惧和驯服，不再做梦。

在布列塔尼寒冷的夏日，聚集在这里的MINI船长们，抛弃了一切衣食住行基本生存之外的需求，日复一日，把自己系在船上。从积分赛到资格航程，再到最后的起点，几百个船长奔波往来几个赛季，能得到决赛席位的不过六七十人，能顺利到达终点的顶多三四十人。

上百万的花销，两三年的时间，风雨里的生死挑战，奖品不过是一篮子生蚝，或是一小罐糖果。他们到底是为了什么？或许在赛季初第一次船长会的地点，就已经揭晓出答案，那座大厦叫绝对梦想家。

进入6月，布列塔尼的阳光慢慢击退了阴雨。随着好天气的到来，今年的赛季就要结束了。从北大西洋归来，按照决赛要求提交了资格航程天文导航日志，走进MINI TRANSAT决赛的漫漫长征就只剩下最后一场MAPs了。虽然如今再面对一场200海里的比赛，早已不似当初的志忑心情，但这是最后一站，也是赛季的最后一场比赛。能否进入决赛，成败都在此一役。

比赛开始前，港口办公室前的桅杆上第一次升起了一面中国国旗。微风吹动那红色的旗面和黄色的五星，每次走过都忍不住抬头看看，希望这面旗能一直飘进9月。

MAPs比赛是为了纪念1991年在MINI TRANSAT中失踪的那位女船长。因为船只故障，她在杜瓦讷内停了一晚，第二天在比斯开湾遇到了大风而失联，一个月后才在拉科鲁尼亚海岸找到她破碎的船。

在世界离岸赛中消失的水手比足球赛里丧生的运动员多，仅仅MINI TRANSAT就不止一次发生过这样的惨剧。这也是为什么进入决赛要经过重重考验，因为你必须证明自己有实力不成为这样遗憾故事的主人公。

当地时间6月6日晚九点半，529通过了MAPs资格赛的终点线，顺利拿到最后200海里积分。至此，9月的那份名单上将会多一个中国人的名字，这是MINI TRANSAT历史上第一次有独臂选手参加决赛。

最后一场比赛所在的小城杜瓦讷内，也是今年跨大西洋的出发地。MINI TRANSAT的办公室就在码头边上，我们曾无数次走过。徐京坤大约也曾抬头望见二楼栏杆上挂着的大大的海报，却一次未曾上去。不到最后一刻，谁也不知道那梦想是虚无的幻象，还是真实的奇迹。

直到今天，终于拿到了决赛入场券，他第一次慢慢走上二楼。站在MINI TRANSAT的海报背后，似乎在回忆这短暂而又漫长的三个半月，从12月4日得到允许报名的通知，到2月15日飞抵法兰西，他的"妄人痴梦"终于在这座沙丁鱼小镇成为现实。

第二天是镇上的大节日"纸船比赛"，孩子们用纸壳设计了造型各异的船，比试谁能在水里航行得更远。这一日几乎全城出动，码头博物馆前的广场上挤满了人。

徐京坤正站在台阶上眺望，忽然一个法国男人从下面拍了他一下，"Hello, Xu，你是来参加比赛的徐吧？"京坤下来，仔细看看，并不是我们认识的朋友。那人半英文半法文地说着什么，我们听得一头雾水。他急得去人群里拉来了妻子。

原来他是我们一个朋友的女友的同事的邻居Yanick，辗转听说我们需要一个住处，他家恰好有多余的房子。原本说改日介绍我们认识，没想到在街上遇见了。一个渔港小镇，两个中国人实在太显眼了。

我们总是十分幸运地在路上遇见许多好人，给予我们满满的善意。Yanick曾经是远洋船上的水手，跑了很多年非洲航线。他如今已经退休，长得很像蓝精灵里的格格巫。

他是个左派的法国小愤青，说自己是毛主席的粉丝，谈起政治总是义愤填膺地大骂美利坚。"如果我是总统，我们就跟中国做朋友。"他的妻子Anne在船只配件的工厂工作，英文比Yannick好很多。他们家里养着两只橘猫，Yanick说它们过着公主般的生活。那时他们的小女儿正在策划休学，打算和男朋友私奔去南美Gap Year。他们拦也拦不住，又担心，急得团团转。

在法国时，预算很紧张，总是想方设法省钱，买临期的已经硬邦邦的法棍，配上3.4欧一瓶的老干妈充饥。土豆、胡萝卜和大头菜是超市里最便宜的蔬菜，也是我们最常吃的。经常住在船上，没有炒锅和炉灶，只有中国带去的一个电饭锅，所以只能一股脑地把菜和米一起扔进去，放点盐凑合着吃，那味道真的不怎么样。

记得有一天是七夕节，我把饭盛进盘子里，切4片黄瓜片摆在饭上，然后用番茄酱在上面写上了七夕快乐。他训练回来，看见这个竟然有点惊喜，高兴得把饭和写了字的黄瓜片都吃了，结果辣得足足喝了半瓶水，我这才知道原来放成了辣椒酱。

决赛前最后一个月，终于有了容身的地方，不用再住在船上。决赛前，船上堆满了远航设备和物资，每天都有大量的训练和检查工作，根本没法住人。而那个小房子里，我们终于有了温暖的床和正常的炊具。Yanick还把他的小摩托收拾好借给我们，每天往返码头和家，或是出去采购船上物资，解决了大问题。

有了厨房，我们总算找到了打牙祭的好方法。法国人不吃牛腩，在超市里标着动物肉，几公斤只要三五欧，得空炖上一大锅，然后每顿饭舀上几勺，下面条或是配米饭，省时又好吃。做好了送去给Yanick夫妇尝，Yanick笑着说，你做的时候我就闻见香味了。

后来我们还在屋后的山坡上寻见了野生韭菜，又鲜又嫩，加上沙滩上挖来的青口，包了一顿饺子，慰藉肠胃的思乡之情。那段时光虽然疲惫，却让人时常怀念。

第三十二章   无眠的起航日

闯过布列塔尼海岸，终于把决赛入场券握在手中的喜悦，并没有留给徐京坤细细体味和庆祝的时间。

MAPs结束后的第二日，连续4天，96个小时，困了趴在桌上睡一会儿，睡醒接着学。没有住的地方，天天在俱乐部熬夜，活活啃下了Yacht Master全部58课时的理论课程，满分通过笔试，获得参与6天海上实践的资格。随后又在6天后的48小时不间断航行考核中，拿下了Yacht Master Offshore的资质。

对于这个通过率一向不高的课程，我曾一度十分担心，试图劝他是不是可以选择近岸级别，或者换个日期再准备，毕竟报名费用不菲。

可是徐京坤也知道并没有别的时间可以选择，9月决赛前的日程必然更加紧张，以后再想来欧洲学习，就要付出更大的代价，所以决定放手拼一拼。好在总算功夫并没有辜负有心人。

整个7月，徐京坤回归他的教练身份。从落地三亚那天起，一直工作到上飞机的前一刻，把他从水手王国学到的那些珍宝欢喜地分享给他的学生，又带着嘶哑的嗓音回到了布列塔尼的8月里，继续跟这里糟糕的天气作战，跟法国人民漫长的假期作战。

记得以前他常常说，远航最累的不是在海上，而是在出发前。出发了你便没什么可再担忧准备的了，只能一路往终点前行。但是出发前，有太多事情要做，单单设备的检查维护一项，只要没出发，就不能放过任何一天、任何一次检查的机会。

训练用的小引擎坏了，本田的工程师度假两周，雅马哈的工程师要价300欧。自己拆了油底壳，清洗了化油器，不到60欧就修好了。

防污涂层，工人要价4000欧。自己打磨、吊船、刷漆，那些有毒的粉尘钻进他的鼻子、耳朵、眼睛，脸上围着眼镜和口罩留下的蝙蝠侠似的黑印，眼睛红得吓人。最后花了91欧搞定了。

决赛前，把529从里到外、从外到里拆了个遍，绝不能把问题留在海上解决。MINI这么小的船舱，一旦设备出了问题，在大西洋的颠簸海浪里想用单手握住扳手拆解螺丝，都是大挑战。

起航集结日到来前，我们把船运回了杜瓦讷内。所有的船都聚集在码头博物馆前的老港里，529停在最里面。每日从清晨到日暮，十几个小时不停地在船上工作。在这样的忙碌里，生活仍旧馈赠了许多珍珠般美好的难忘一刻。

比如小雨过后，桥下的彩虹、桅顶的阳光；比如夜里归家，耳畔的微风和云后的繁星；再比如偶尔有朋友走过来，同我们讲讲自己与中国的渊源，女儿嫁到中国去，儿子在中国工作，或是自己也去过中国。顺着这些曲折的联系，我们也好似在异乡寻到了亲人。

原本计划出发前，一定要休息好，储备体力，面对比斯开湾的恶战。然而事不由人，出发前的一周，忙到几乎睡觉的时间都没有。夜里两三点回来，早晨五六点又去船上了。京坤的学生鸽子特意飞来看我们，我们却连一起吃顿饭的功夫都没有。

鸽子还给我们带来了UK为徐京坤做的新前帆，通过帆友韦维联系上了庞辉先生。庞先生是中国民间帆船领域教父一般的存在，许多年轻人从他那里开始职业生涯。他听说京坤要跑大西洋，帆旧得不能用，二话不说就让工厂在出发前赶出了这面前帆。

要是从商业角度，一条船上升着不同品牌的帆，这样的场面绝对是不能出现的。而在这位德高望重的老先生眼里，大约相比支持一个年轻人的航海梦，商业已然不值一提。

继续没日没夜地做赛前准备，忽然发现我们俩的长期签证，很可能在他横渡大西洋航行时就到期了。赶紧去警察局续签，竟然被无理由拒绝了。试图联络中国大使馆和许多当地朋友，也都没有解决办法。

带着忐忑，边准备比赛，边各方求助，直到出发前三天，才终于在杜瓦讷内市长的斡旋下给我们特批了三个月的居留期，总算没有让到港的徐京坤成为黑签滞留人士。

启航那日的杜瓦讷内，好似节日一般热闹。平日里安静的码头，熙来攘去，许多船长的家人都来送别，到处都是拥抱和祝福。

原想着MINI TRANSAT起航那日，无论是京坤还是我们这些一同见证他走到今日的人都应当十分激动才是。那一日的出发来得那么迅急而短促，直到出发前半小时，才匆忙吃上一口高民大哥买来的午餐。

第二梦想号的高民船长特意从英国飞来给徐京坤助阵。出发前一晚，他们俩聊着这一年各自的航行。许多港口奇遇、海上趣闻，甚至未来计划，直到夜半，仍是意犹未尽。

我们的朋友老克和另一位用自己的双桅杆木帆船环球的Leon船长，在前一日穿着独特的布列塔尼传统服装送来了queen，一种当地特色的甜甜糯糯的饼，作为船长第一日的船餐。19日早晨他们更是拉起滑翔伞，在特莱布码头上空飞翔盘旋，给梦想号助威。

还有一些CHINA DREAM的法国粉丝，给船长送了糖果、鱼罐头、苹果酒、可丽饼、黄油饼干等等。许多人都会走过来学学怎么念船长的名字，然后送上祝福。这些陌生人给了我们许多温暖。

就在去年冬天，他说要参加2015年MINI TRANSAT，大家都觉得这是痴人说梦。真的走下来，也确实遇到了太多想到想不到的曲折。第一次出海一团糟，他说生平第一次觉得手不够用。比赛两天撑臂断了，法国人都在放假。最后的训练期，引擎坏了，无法测试自动舵数据。从拿到船，他就一直说自动舵有问题。可是来了一个又一个工程师，拿回原厂检查都说没问题。最后终于在做循环数据测试时确认了他所说的问题，他就带着不能跑直线的自动舵跑过了所有的积分赛和资格赛……

经过各种曲折，当两个中国男人第一次把一面五星红旗撑起在529上，尽管没有国歌奏响，仍然忍不住动容。船体上红色的中国龙和CHINA DREAM异常夺目，那是徐京坤折腾了一天一夜的杰作。无论走到哪儿，他都乐于告诉别人他来自中国，他的船叫CHINA DREAM。

现场响起《真心英雄》音乐，码头上的法国人为驶离港口的CHINA DREAM鼓起掌。"在我心中，曾经有一个梦……"我相信每一个人心中都曾经有一个梦想，只是有的人很幸福，比如今天出发奔向大西洋的他们。

他们未曾辜负这梦想，用热血将虚幻铸就成可供回忆的事实。有朝一日，当他们哼唱起《真心英雄》，心中定然满是甜蜜餍足。这一年走过的，在起航这一刻全部得以偿还。

尽管所有的摇滚歌手都会老去，但他们不能单方面宣告理想主义的衰老和死亡。一代又一代人对于理想主义的信奉和追随，是人类文明得以存续的根基。那许许多多的梦想家，正是他们将人类指引，渡过险滩暗礁，来到文明盛景的新大陆。

徐京坤说他是农民的儿子，是个接地气的人。他不知道理想主义和现实主义有什么区别，只是在做他该做的事儿。这是责任，是梦想，不是主义。如同杰克船长心中的不老泉一般，他心中也有一个不死的少年，执着地追寻着不灭的梦想之泉。

第三十三章 人船分离38小时

尽管路途遥远，终于在这一日走到了决赛，74位船长来到起航线，准备奔向加纳利群岛的兰萨罗特，开始第一赛段的征程。

"响起《真心英雄》的音乐，这是我最喜欢的一首歌。不经历风雨怎么见彩虹，没有人能随随便便成功……珍惜生命里的每一分钟，和亲爱的朋友热情相拥。这几句歌词让我重新思考了整个航程。看着阿九在岸上挥手，就是不敢再回头。和三年前的出发不一样了，如今更多了一份挂念。我的梦想，因为她的加入，有了幸福的重量。"

看着529远去的背影，想起我们来到法兰西这片陌生的土地，竟然已经8个多月、200多天了。他在大西洋里航行了万余海里，参加了四场积分赛，完成了一个1300多海里的单人不间断航行资格航程，还完成了海上求生救援、第一反应员、无线电通信短波执照、Yacht Master Offshore以及相关认证等460课时的课程，在船上工作航行的时间累积超过2500个小时，赛事相关邮件2712封，翻译的资料达到50多万字，撰写资料20余万字，单是比赛文件就有4.9 GB，记录的照片视频几百GB。

这些看似简单的数字背后，是不足为外人道的辛苦。有些路很远，走下去会很累，可是不走，又会后悔。我作为唯一一个得以近切观察了解这些辛苦的人，其实并不能感同身受地理解，我只得简单粗暴地称他为疯子。

这八个多月来，没有人因为他用一只手航行而觉得他有什么不一样。他照样可以调帆、转向，完成一切其他船长可以做到的动作，照样一个人把一条船修来整去，不放过任何一处。

但代价就是他的右手几乎从来没有完好的时候，上一个伤口还没结痂，就又磨破了。船上绳子老旧，坚硬粗糙，他的手常常被磨到痛得合不拢，直到现在指甲都只有一半连着肉。

住在船上，布列塔尼的夏日冰冷得好似寒冬，肩膀的旧伤复发，疼得抬不起来，贴了几贴膏药继续干活。一个赛季当别人的三个赛季过，任何一场比赛都不能有闪失，一个积分没拿到，梦想就终结了。他不得不没日没夜地待在船上，他总是说，在海上，船是他唯一的依靠，他不认真对待船，船就不会给他可靠的陪伴。

许多的时间、努力，以及一些人的帮助，和一点点小幸运，终于支撑他走到了今天。别问值不值得，别问有什么意义，人的一生不就是一直在用所有换所无？如果我们为了值得和意义而活，那世界还有什么趣味。像萨特说的，意义是人的选择，并无存在预设意义。

"不负青春"说来总是矫情的可笑，可是同青春一样矫情的"梦想"这个字眼，当我们老了，便再也不敢提起，遑论追逐。或许有些人只是用他们的所为向我们证明，一些词汇并非虚无，而是真实存在的意象。

说法语的组委会又出了乌龙，英文版赛事规则连绕起航标左舷还是右舷都写错，真不知道如果有选手绕错标，裁判到底要加谁的时间。赛前的每一场船长会都拒绝除船长外的任何闲杂人等入场，所以在发布路线的最重要的船长会上，帮英语船长翻译的Natalia也被拒绝入场了。

17日晚的天气会议，险些把我也拒之门外。因为电视转播的需求，赛前最后一次船长会上，台上罕见地配了英语翻译。结果才开始10分钟不到，随着转播人员退场，翻译人员也一同离开了，让人啼笑皆非。

出发那天，风特别小，顶风顶流，大家在一两节的船速中熬过了19日的午后和子夜。20日凌晨风略好些，船速平均5至7节，顺利走出最危险的拉兹角和森岛区域。所有船只都在尽量往西靠，谁先够到风，谁就能在胶着的战局中占得先机。风速不大的情况下，选错一步就可能陷入无风区。而选对一步，就可能提前一步顺上北风长驱直下。

正如天气预报显示的，21日下午到22日凌晨比斯开湾刮起了大风。"22日，我遇上了一股低压冷锋，伴随着降水，风力达到了35节，冷极了，尤其在凌晨航行。漆黑的夜里对于家人的思念攀升到了极点，按照计划再坚持一天就能离开这可恶的比斯开湾，接上副热带高压，顺风长驱南下了。"

事情却并没有如他期待的那样发展，大西洋哪里肯这样轻易放过他们。逃出比斯开湾之后，暗藏的危机还是不期而遇了。"22日中午远远地就看见了西班牙的山脚菲涅斯特角，结果突然风速急转直下，最后变成了2节的风力。我知道我陷入了无风区，根据经验西方一定有大风区，可此时从西向来的海浪却很大，现在向西航行已经不可能了。"

"赛后的资料显示，我如同中了彩票一样，70条船，只有我陷在了那巴掌大的无风区，而相隔10海里的西边航线上，大部分船却率先够上了梦寐以求的北风，正以12节的航速飞速南去。"

"我开始咒骂比斯开湾这愚蠢的天气，使尽浑身解数试图挣脱，直到筋疲力尽也无济于事。实在太累了，出发前的疲劳加上前几日的航行，索性随它去吧。降下了所有的船帆在船舱里睡了整整一夜，要知道这是奢侈的，也是愚蠢的。"

京坤不知道就在他困在无风区的同时，已经有10条船因为各种问题靠岸了：船长生病，手指韧带拉伤，能源故障，舵板失效，桅杆损失等。有的已经决定退出比赛，有的还要看12小时内有没有修好的可能。

这其中就有我们的朋友意大利船长 Federico，这已经是他第二次参加 MINI TRSANSAT 了。没有赞助商，跟他聊过这几年的准备，真的非常辛苦，当然这辛苦大约是很多 MINI 船长都要经历的。

当个船长不容易，当船长的家人也很不容易。网站的 Alerte Info 绝对是黑色区域，非常理解当你看到某个船长"原因不明，救援船正向他赶去，更多细节明早公布"，以及"确定船长安全，人在船上，陪伴船正在赶过去"的巨大的压力。

网站从早6点到晚9点每三小时更新一次船只位置，晚9点后不再更新。这个时间除了给组委会处理突发事件外，也真的是让船长家人好好睡觉的。反正没有更新，一次次看也不会有新消息。原本他交代只需每日早晚两次做好航迹及天气文件对比记录就好，但是实在忍不住隔一会儿就要看一眼，非常担心。

整整38个小时，529在海图上漂流摇摆，轨迹如一团乱麻。那两天一夜我根本没办法合眼，要知道一条船停在一个地方无规则地飘动，最有可能的状况就是人船分离，船长已经落水了。

没有消息，是好消息，也是坏消息。

第三十四章 跟西班牙风神用中文吵架

每十几分钟就刷新一下网站的布告栏，明知道它夜里不会更新，也还是无意识地去看，既希望不要看到他的消息，又希望他能有个消息，这样可怕的煎熬直到23

日才告一段落。船终于动了，组委会没有收到任何报警讯号，至少说明人肯定还在船上。

"清晨终于来了一丝微弱的风，赶紧升起全部船帆试图摆脱这鬼地方。"终于在24日彻底逃出无风区，但是更可怕的麻烦却接踵而至。京坤在航海日记上继续写道。

"进入副热带高压，快速南下，这让我高兴了一阵子。换上了最大的一面球帆，希望弥补回由于陷于无风区带来的巨大损失。可谁也没想到这带来了新问题。

"下午6点左右，我记得当时的天气非常完美，风力逐渐攀升，提供了稳定的动力，529正以10节的速度疾驰。我钻进船舱，移动了舱内物品配重，以便让船只的受力形态最佳，一切看起来都是那么好。

"突然发现前方2点钟方向有一条渔船，由于距离的原因我无法判断它在做什么，但知道它正处于一个危险的角度内。我原本以为可以穿越他的船艏或绕行船尾，可不幸的是随着距离拉近才发现它正在进行拖网作业。

"一条上千吨的大渔船船尾正拖着上百米的钢缆拖网，我根本无法绕行它的船尾，而且它似乎并不在乎我的到来，因为我们的撞击对它来说也许都不会有什么动静。只剩50米的距离了，它显然不会为我让路，我只得紧急转向，我的大球帆瞬间爆裂。

"没有理由指责那条渔船，只怪自己的错误预判。花了近1个小时才把破损的球帆拆下来，这让我既懊恼又失望，但心里一直在不断鼓励自己，试图忘掉这个小意外，劝说自己在这样的比赛中，每个人都在不断犯错，一定要赶快振作起来。

"大约半个小时后我决定重振旗鼓，升起了中号球帆。这面帆比大球帆减小大概0.8 ~ 1节的速度，但可以承受更大的风。此时天色逐渐暗了下来，风力也在逐渐增强，船速已经提高到15节左右，梦想号就像一颗子弹一样劈开海浪。伴随着咆哮的海水声，肾上腺素飙升，大球帆的丢失早就被抛在脑后。按照这个速度我很快就能抵达加纳利了。"

京坤的乐观显然来得早了点，另一场危机已经在酝酿中。"由于风力增强，船只快要达到极速，操控也开始变得敏感起来。我太贪图速度，以至错过了换帆的时机。当风力攀升到25节，航速18节时，我才决定更换船帆，可这时一切都已经太晚了。伴随着自动舵失效的警报声，船已经偏离上风了。"

"强大的力量几乎要把船打翻，把桅杆扭断。这时候要把蕴藏着巨大能量的球帆收回来已经不可能了，最终导致了中号球帆落水。水的阻力和船的拖拽力正在密谋撕碎我的中号球帆，这是极其昂贵的代价，我绝不允许这样的结局发生。我被迫释放了缆绳，总算勉强保全了这面球帆。"

经历了接连不断的困难、危险、损失和巨大的挫败感，他说，那一天的夜晚似乎格外难熬。孤寂、恐惧，面对自然的力量你根本无力还击。MINI TRANSAT 的传奇冠军艾米瑞克曾经说过："徐，你太快了，你只用一年的时间就要用 MINI 跨大西洋实在是一个下策，这根本不够你去知道它的极限在哪里。我很怕你这样的有竞争力但不了解它的极限的选手，何况你是单手。我们每一个选手至少要经过3年以上的准备和训练，而你太快了。"当时不经意的一句话，那晚在徐京坤的脑海里久久徘徊。

许多人问我们，为什么不慢下来，像别人一样去法国待个三五年呢？答案很简单，当时的我们别说三五年，一年的预算也是倾其所有。买船的时候算了又算，只够买一条十多年的老船，还有跨了三次大西洋的旧帆。想实现梦想，只能用我们的方式，辛苦一点儿，把一年当三年用。

"那一刻我只想快点回家，我知道我的家人我的妻子一定很需要我平安回去。如果我留在这片海上，她们怎么办？所以必须振作起来。尽管刚刚进入顺风段，就接连损失了两面船上最大的动力来源，但我必须继续朝着家的方向航行，它就在大海的对岸。"

熬过了艰苦的那几日，好天气终于来临了，他甚至曾看见两道彩虹组成的彩虹门。徐京坤又恢复了他的幽默感，在日志里写下了晒屁股的奇趣。"每天最开心的一件事就是中午趴在船上晒屁股了，这几天趁着天气好还可以晾晒一下湿衣服。当然你要特别小心，因为经常一个不防备，就会被调皮的海浪偷袭，重新打得更湿。"

"船上已经没有干衣服可换了，由于潮湿和长时间坐着，屁股起了很多湿疹，都磨破了皮，疼得坐卧不安。要知道在一条6.5米的小船上保持站立是非常困难的，只能跪着或者用各种古怪的姿势来驾驶。由于难度比较高，这里就不一一介绍了。"

因为在无风区的耽搁，他没能在中秋节到港，好在船上带了一块高民船长送来的月饼，他也可以自己庆祝一下了。那一晚，他说，"实在是我最享受的一天，月亮早早就升出了海面，我煮了船上仅剩的一袋风干米饭，打开了音乐（虽然猴子这次选的歌简直糟透了，但还是有几首能听的）。一个人在海上唱起了歌，跳起了舞，唱我最喜欢的《Country Road》。梦想号就像一条蛟龙划过夜空，带我去那彼岸，我梦里的家。"

尽管了解他的归心似箭，大西洋仍然没有就此让他一帆风顺地到港。离终点不远了，又几度陷入无风区，几度逃离。

"28日下午距离终点还有120多海里。风力逐渐降低了，船一度走走停停，我不得不和老天爷好言两句，可千万不能断了我的风，我还要赶紧靠岸喝酒呢。

"船上的食物已经所剩无几，再多待两天恐怕就要饿肚子了。别说一个人航行无聊，在海上与天斗其乐无穷。一会没风了，祷告两句咒语，就会看到天边飘来几朵云，带来一点风，就这样念着咒语神奇地挺进了加纳利。"

看他描述到港的这一日，你似乎都能想象他看见火山的惊喜，和被风困住的委屈、愤怒、无奈，还有奋战。

"29日一早，天一破晓，就隐隐约约地看到几座火山岛漂浮在海中，我忍不住大喊我们到了！在跟风神传递了感谢之意后，便赶紧调整风帆加快航行，升起了西班牙国旗，洗了脸，整理了船舱，希望来一个完美的冲线。

"接近中午时分已经抵达了兰萨罗特岛的东侧海岸，此时距离终点只有不到15海里，我似乎已经能听到那头的欢呼，闻到啤酒、烤肉的味道了。航速7节，心里盘算着用不了两个小时就可以到港了。

"可天气这古怪的老头总愿意开玩笑，就在我更换0号球帆的一瞬间，风忽然消失得无影无踪，任凭我怎么念咒语也不管用。心想难道现在到了西班牙风神的地界，可咱也不会西班牙语啊……

"就这短短的15海里成了我最后的一道壁垒，船停了下来，逼着我强迫观光，我表示抗议。随着太阳下山，月亮也出来了，我终于被激怒了，跟天气好好吵了一架，可还是无济于事。"

同赛事组委会副主席一起在定位系统紧盯着529的行踪，本以为下午就会到达，却因为调皮的风一拖再拖。就在离终点只有4海里的时候，风彻底停了下来。

心里一遍遍地祈祷，祈求哪怕吹起20分钟的小风，也足以让529回家。不知是听到了我的祈祷，还是风神终于决定成全这美好的月夜，终于，29日晚上十一点半，一股乍起便停的奇风带着529穿过了位于加纳利兰萨罗特岛阿雷西费港口的终点线。

尽管已经是午夜时分，先前抵达的船长和所有工作人员却都在码头等待着梦想号。有月亮，有啤酒，有朋友们的欢呼，徐京坤说一切就跟他想象的一样美好。

夜更深了，整个小岛的微光好似洒在海面的繁星，风又藏了起来，海上的船长们恐怕又要多耽搁一日。港池里三五成群的船长，谈论着前几日魔幻的比斯开飓风，回头望望，都已飘然似梦。徐京坤已沉沉睡去，不知他的梦里是凛冽还是恬然。

第三十五章　加纳利的热恋与失恋

兰萨罗特岛在《荷马史诗》里是游吟诗人不厌其烦描绘的吸引无数水手寻觅而来的海上仙岛。据说这里的岛民，是全世界最优秀的渔夫，他们驾着古老的、状似拖鞋的小渔船，一样在大西洋里网着成箱成箱的海味。国人最熟悉的加纳利居民三毛，带了荷西来此处寻仙女的金苹果而不得，于是不吝笔墨地在《逍遥七岛游》一文中一再赞颂这里。

她说，加纳利群岛是海和火山爱情的结晶……大地温柔地起伏着，放眼望去，但见黑色和铜锈红色。甚而夹着深蓝色的平原，在无穷的穹苍下，静如一个沉睡的巨人，以它近乎厉裂的美，向你吹吐着温柔的气息……它是超现实画派中的梦境，没有人为的装饰。它的本身正向人呈现了一个荒凉诗意的梦魇，这是十分文学的梦，渺茫孤寂，不似在人间。

正如她所描绘的那样，整个兰萨罗特岛只有黑白红三种主色，黑色和红锈色的土地，白色的房子，间或夹杂些或蓝或绿的窗棂。小岛上的街道杂乱而仓促，似一处工业革命初期的繁荣社区忽就穿越至亘古洪荒，热闹与冷寂交融混沌，海边与内陆风情迥异。

除了来自寒冷北欧的度假客，南美以及非洲的老居民也不少，土著岛民由于侵略和瘟疫已所剩无几，中餐馆倒是有好几家。来到兰萨罗特，我们终于不用再住在水牢一般的船上了，我却常常梦见阴冷的布列塔尼。

梦里总见着那一日的他。如平常一般下了雨，龙骨和舵都潮潮的。他一遍遍地用纸巾吸水，再用电吹风烘干。填胶，涂漆，晾干，再涂漆。等待防污漆晾干的间隙，他会去旁边的AOS办公室稍微暖和一会儿再继续工作。左臂冻得青紫，粘了白色的胶，橙色的漆，脸上还有前几日留下的面具一般的黑色印子，整个人如同嘉年华上不知疲倦的小丑。

像559的船长，那个操着英国口音的德国人Marcus说的，很辛苦，大家都觉得我们疯了，可这就是我们的选择，我们的梦。

梦想于他们而言，就好似饥荒年里的馒头，梅雨时节的日头一般。无论多模糊，也总藏在心底的某一处，在变成现实之前，好像永远都得不到宁静。就像种子在地下，一定要努力生长，冒出地面来寻找阳光才行。

　　不觉间，529已然到港两日，想起那个凌晨，仍然激动不已。看着529的航灯缓缓驶来，原本静寂的码头忽就聚来一大群船长，掌声经久不息。徐京坤也十分惊喜，午夜竟然还有这么多人来接他。几个船长上去帮他叠帆，整理绳索。Oliver说，"Xu，你已经花许多时间在海上了，现在我们来干活，你去庆祝。"一下船，大伙就过来跟他击掌、拥抱、递来啤酒，并且一起吼着"529，CHINA DREAM"。所有船长都登上了529，一起为529加油，也许只有走过这片海的他们，才最懂得此刻的欣喜。

　　直到记者采访时，徐京坤还沉浸在这样的兴奋与感动中。他说："我非常享受这场比赛，非常快乐，顺利到达加纳利，见到大家，太高兴了。这里没有布列塔尼的严寒，我要享受几天阳光。"

　　不同于布列塔尼，秋天的加纳利每天都是晴日暖阳，午后时分还会体贴地下一阵小雨，带来一丝清凉，傍晚便停了，绝不恼人。经过1000多海里的洗礼，船长们的船或多或少都带了些伤，在这样的阳光里，被一点点治愈着。

　　那段日子，我们在岛上用超便宜的价格找到了一间没有窗的小房间。幸运的是后来房东竟然给我们安排了天台上一间更大的有窗的房，每日明晃晃的太阳照在白色的屋顶上，一切如梦幻似的，看不真切。

　　房东Pablo，是南美来的移民，总是乐呵呵的，好像生活里没什么可让他烦恼的事。除了每日去海边冲浪，就是回来做个花架，在陶罐里种些花，一点点装饰这个小房子。遇见徐京坤就会抓着他，分享一箩筐冲浪秘辛。每日看到些关于中国的新闻，就来找厨房里忙碌的京坤聊天，顺便试菜，每每对他的厨艺大加赞赏。

　　我在飞机上遇到的邻座女孩，竟然就住在我们附近，在我走后，还把男朋友Sebastian介绍给了京坤。一个只会说西班牙语的西班牙警察和一个只会说英文和中文的中国船长，两个人竟然能相约一起环岛旅行，一起晚餐。后来徐京坤过敏，整个人都肿起来了，Sebastian还带他去了医院。两个语言不通的人，产生了奇妙的友谊。我好奇他们俩是如何沟通的，他笑说他会世界语。

　　跨大西洋的一整年，加纳利的时光似乎是其中最悠闲的。包括法国船长在内，所有人都来到了异乡，每日的生活范围限定在以码头为中心的区域，晒太阳、修船、喝酒、看月亮，一群拥有共同梦想的人类，组成了一个奇特的大家庭，相互依靠相互陪伴。

　　在加纳利的那个小天台上，徐京坤迎来了难得的休憩。每日除了骑着Sebastian借他的自行车去船上工作，便是在自己的小厨房做些诸如铁锅炖鱼一类已经许久没有时间心思做的料理，还特意烙了馅饼去接新到港的战友们。

　　直到那时，仍然有二十几条船在海上，其中十一条已经确定退出比赛。陪伴船船长 Jean 跟我们讲起，624 的船长，2 年前参加比赛的时候，在葡萄牙海岸桅杆固定部损坏，救了人却沉了船。今年他买了新船再战，同一个地方同一个原因，同样是 Jean 去救他。Jean 说出发前遇见他还开玩笑说今年一定要好好到加纳利啊，结果还是没能到达。

同样，仍然在海上的澳大利亚女船长 Katrina 也是第二次参加比赛。上一届龙骨损坏船沉了，今年不知什么原因，在里斯本进港维修。好在她还没有放弃，仍然在努力。

我们的意大利朋友 Federico 也是第二次参加 MINI TRANSAT，上一届由于天气原因，比赛太曲折，他说希望参加一届正常的比赛，结果今年又在拉科鲁尼亚进港维修。

他曾跟我说起，前年参加 MINI TRANSAT，上一个女友跟他分手了。今年来比赛，这一个女友又跟他分手了。这回一定要好好地到终点才好，不然真是赔了夫人又折兵。

幸好他修好船后又继续比赛了，目前还有 200 多海里，只要 2 天内到港就还能拿到成绩，有机会参加第二赛段。但愿到港时徐京坤的馅饼能慰藉他的失恋之苦。

第三十六章 一个人的孤单大洋

李安的航海顾问史蒂芬·卡拉汉在他的《漂流：我一个人海上的 76 天》里写过这样一段话：对待远洋航行，不为前途未卜而担忧，不为未来的死亡所要挟，像新点燃一支烟或者新开启一瓶陈酒那样欢欣，前赴后继地赶向新大陆……无论或吉或凶，他们总是先做好准备尽善尽美，笑对一切，剩下的，就交给那神秘莫测的命运之神来仲裁吧。

无论是风平浪静，还是暴风骤雨，航海人都可能被面前莫测的大海扑倒。徐京坤说他曾经把大海当作敌人，觉得航海是在作战。后来把大海当作孩子，不过是调皮地在与水手游戏。大海既没有怒气要宣泄，也不会对你伸出援助之手。她就只是在那里，无边无际，力量强大，不悲不喜。

徐京坤说，这也是他喜欢航海的原因之一，大海让他深刻感知到人类的渺小和自己的微不足道。到了海上，在最孤独的时候，你开始不得不面对真正的自己，把一切烦扰忧愁都抛得干干净净，挖掘自己真正想要的是什么。所以每次长航回来，他总是笑着到港，用笑容诉说，他正在享受航海。

伤痕或许是人类与生俱来的，我们每个人都带着伤跟世界和解。采访过不少航海人，走在路上也遇见过形形色色的人，多多少少窥得见些许伤口的蛛丝马迹。而徐京坤算是一个异类，原先只觉得他伪装得好，怎会有人没有伤。何况他的"左手"多少总是要给他带来些许异样的眼光，如若放在我身上，恐怕早就千疮百孔。

而久了熟了，你却知道这人的确是没有经年不愈的伤痕的，只因每次航海，都是他的治愈之旅。在需求降为有食物、有水、有基础睡眠的状态时，最真实最简单，或者说最高深莫测最晦不可言的，关于生命真谛的追寻便其义自见了。航海给出了最短暂又最精炼的人生教育，一条同生活握手言和，同自己握手言和的坦途便蹁跹自现了。

我总疑心这世间的海都有两副面孔，在岸上看见的是一副，在海里面看见的又是另一副。不亲身来到汪洋之上，你大约永远无法想象如此美好的蔚蓝如何在暗夜化身为吞天噬地的怪兽。

单人远航的夜里，就像独自一人被丢进了一个巨大的荒野，而荒野之上你尚且可以攀爬行走，或者原地等待。可是在大海之上，一旦脱离了这条小船，你活不过三五天，不丧生鱼腹，也会被海水泡烂，被太阳晒干，以极其痛苦的方式死去。

在面对强大的自然无计可施之时，你开始陷入逃无可逃的孤独之中。而人在孤独的时候，时间会在知觉里变得尤为漫长。那漫长里是一个人的艰辛跋涉，穿过沙漠，攀过悬崖，泅过深海，广天广地之间，唯有形单影只，孤军奋战。

在这无边的孤独里，月亮成了最好的救赎。徐京坤尤其喜欢月亮，他常常给我讲起，当年环中国海的时候，夜里进了鸭绿江，一大轮月亮灯似的照着江面，如何的惊艳，如何的温暖。一个人在海上，尤其是夜里，是你最脆弱、最孤独、最怯懦的时候。而此时如果有一轮明月陪着你，就像是专为你而设的如影随形的灯塔一般，驱散黑暗以及一切因黑暗而生的孤寂恐慌，温暖冰冷的夜色和夜色里的航客，怎能不心生欢喜。

第一赛段这1000多海里的航程，到港时听大家讲起最多的，不是狂风巨浪，也不是比斯开的寒冷，或者菲斯特拉角的无风区，而是中秋节夜里的那轮红月亮。每个船长提起那个夜晚，都在赞叹那轮月亮的美好。

30日晚上，一路护航的海军军舰开放参观，举行烤肉派对。200多人排着队围着一个家庭烤炉慢悠悠地领法棍香肠，非常开心。

一个少年远远跑过来，拉着徐就去甲板的高射炮前，非要跟"英雄"合影，弄得我一头雾水。徐京坤给我解释，原来这孩子叫阿方索，是给别的船长做助手的，平常帮忙洗洗船收收帆。有一次他的手在修船时弄伤了，京坤去关心他，他便问，"Xu，你的手是怎么回事？"徐京坤开玩笑地说，"战争，炸弹炸没了。"那孩子就真的相信了。

从此以后，一遇见徐京坤在干什么活，他就会跑过来帮忙，"英雄，我帮你。"今天来了军舰，自然不肯放过这位他以为有战争功勋的老兵中国Xu。徐京坤说出真相，逗得一众船长哈哈大笑。奋斗了多日的船长们，就这样在夕阳余晖里的军舰旁，把酒言欢，聊着前些日子的海上种种，尤其是那些睡眠不足闹的傻事。

Vic聊起他最困的时候，只是想把生存水桶从左边挪到右边去，结果保持搬桶的动作就睡过去了，等冻醒了才发现已经过了一个小时，庆幸不是近岸，没什么往来交通。

单人航行在这么危险的海域，每次睡眠不能超过20分钟，每天加起来睡不到两三个小时。害怕叫不醒自己，一般都会多设几个闹钟，用最高分贝的设定。据说有不少船长在跑完MINI TRANSAT之后很长一段时间都无法正常睡眠。

我曾担心20分钟的时间，还没有入睡他就得起来，还专门搜索了快速入睡的一些小窍门给船长，后来发现真是想多了。他们累得别说躺下，站着都能睡着。身体一放松，几乎是秒睡。说是被闹钟叫醒，不如说是被闹钟吓醒的。那刺耳的声音总是带着可怕幻象一同闯入船长们的梦境，把他们从珍贵的睡眠里拉扯回现实，倏忽之间就进入战斗状态。

出发前，徐京坤在自己的甲板上贴了一些简单的指令，供自己睡眠不足、头脑不清醒、无法思考的时候，遵照执行。比如隔多久检查什么，调节什么之类的。其中有一条，要求自己闹钟醒了之后，必须回到甲板上，仔细观察帆面及周围海面状况，观察自动舵，坚持驾驶至少十分钟，保证自己已经完全清醒，才能回到舱内，再次尝试下一个20分钟的睡眠。一个夜晚，如此往复个七八回。

聊起比赛，大家都有一个感受。没到港的时候，想着快点儿到快点儿结束。真的到港了，又希望快点离港，快点儿再出发。这艘护航的军舰将不再参与第二赛段的航行，用船上军官的话说，"我们的船才50多米，太小了，不适合跑那么远，平常我们都是执行近岸的渔船保护任务的。"一群开着6.5米小船的船长将独自去面对南大西洋了。

这群精力充沛的疯子，到港才几天，就约了一起去自行车环岛了，一天骑了70多公里的山路。徐京坤说他堂堂一个准国家自行车队队员，最后竟然被一位船长的60多岁的老爹推着往上骑，太受挫了。到了加勒比，休息好了，一定要再跟老爷子去比试比试。

黑色的火山之间白屋点点，在黑白分明的世界里，蓝色的大海和天空异常美好。入夜，有泳池的小别墅，船长们肆意狂欢。他们一起经历了比斯开湾的狂风巨浪，也马上要一起面对南大西洋的漫长信风了。

后来问起一个人娓娓于途的周折心情，他们谈起的从来不是孤单和路长，而是山海和星光。

单人航海，那些美景总是由他们一个人去面对，最奇妙的遇见也是最个人的感受，而这些是我无法揣度猜测的。我想感受终究是无法传递的情绪，而故事给我们各自不同所得。

这一个是他的，他遇见了许多成长。而从这些故事里，我们阅读的是自我的版本。我的梦想呢？我的人生呢？我的故事呢？

或许每个人都有一条属于自己的梦想号，都有一片属于自己的大西洋。尽管跨越汪洋终究是一个人的事，可是想想每一条驶向彼岸的船上，谁不是这样呢？

孤单的时候，再看看天上还挂着那轮月亮。

第三十七章　航海是真心话，不是大冒险

兰萨罗特岛被称为地球上最像月球表面的地方，18世纪100多座火山同时喷发了6年，才形成了今天奇迹般的被火山岩和火山灰覆盖的神秘小岛。自然的鬼斧神工让人赞叹，能与之媲美的大约只有乐于探索的人类用智慧和勇气创造的奇迹。

航海扩大了人类探寻世界的空间维度，开启了异常繁荣的大航海时代。而今时今日，航海仍旧是人类探寻自我的重要媒介。陆地上的生活早已熙攘而匆忙，空间和时间都被一再压缩和侵占，于是汪洋成了灵魂最后的栖息地。几千年的人类文明中，从不缺乏敢于造梦的勇敢者，比如眼前这群用6.5米小船试图跨越几千海里汪洋大海的船长们。

加纳利群岛与北非接近，常年受副热带高压影响，干燥少雨，出发那天却风雨交加，风力飙升到40多节。组委会无奈地说，看来这群船长们把布列塔尼的天气也带到加纳利来了。

本来徐京坤一直在琢磨着从群岛中间通过。大加纳利和泰奈丽芙之间的狭窄航道，风速可以达到岛外的两倍。如果风速小于15节，很值得走这一路线。结果由于风实在太大，组委会不希望任何一条船在开始就受伤返航，出发前一晚，临时发布

禁止令，强制要求所有船只必须从岛外离开，不得穿越群岛中间。

伴随着启航号声响起，60多条船纷纷在42节的强风中升起了中号球帆，这简直就是疯了。徐京坤说从休闲航海的角度说，这是禁止的。他上课时会教他的学生，这样的天气尽量不出海，即使出海也尽量不要使用球帆。因为在这样的风力下，想降球帆是一场冒险，要么伤人，要么伤帆。

但这是极限跨洋比赛，高手间的对决，你要做的就是始终让你的船保持在极限的边缘。赌赢了你就可能是冠军，赌输了你就可能伤船伤人，退出比赛。

梦想号在第五位出发，速度仪定格在18.8节，这已经刷新了上一任船主的最高速度。船体一直在发出轰鸣，好像下一秒就要被海浪撕成碎片。电台里不断有船长在报修，球帆杆断了、桅杆断了、帆破了……伴随着呼啸的海风，电台里夹杂着各种噪音，时不时地听到有人咆哮。八条船陆续靠港维修，三条船确定弃赛，其中就包括公开级别第一赛段的冠军Davy，看起来他可能不得不放弃第二赛段比赛了。

如果说起航就像一场短兵相接的惨烈战争，那么接下来发生的，便是猝不及防的偷袭了。第二天凌晨，529距离非洲海岸只有不到30海里，虽然是近岸航行，但由于大风附近的港口都禁航了，所以海面没有预想中的繁忙交通。相较起航时，风力也已经减弱不少，看起来只是个平常的夜晚。但谁也没想到漆黑的夜色里，一场生死攸关的危机正在酝酿。

大概是0点30分左右，徐京坤正在全神贯注地观察帆面状况，忽然从左舷来的一个巨浪以排山倒海之势砸向他，毫无预兆地船就被拍进海里去了。刹那间整个人被漫天的海水淹没，在海水和雨水交织的迷雾中根本睁不开眼睛，也来不及反应到底发生了什么。身上的安全带把他跟他的小船紧紧相连，在海里被拖着往前走。

我问过他那一刻想到了什么，他说其实在水里的时候，人好像是不思考的。他唯一知道的就是他还和船连在一起，他的船就在前面。凭着求生的本能拼了命地往前游，其他的什么也没想。根本不知道到底花了多长时间，也不知道自己一只手到底是怎么从颠簸的浪涌里爬回船上的。

整个人已经湿透，精疲力竭地瘫在那儿，那时好像整个世界都静止了。他仿佛看见自己在上升，升到了桅杆之上，桅杆上的自己又看到了甲板上红色的鲜血混合着雨水顺着胳膊流淌的自己。

低头看看，右臂被划开了一道十几厘米的大口子，血不断在流。挣扎着爬进舱里打开药箱，看看自己做了万全准备的各种药物和足以应付一台小手术的缝针设备，不禁苦笑，做了这么多演练，没想到受伤的竟然是右臂。自己并不能立刻生出一只左手来处理这伤口，只得用嘴巴撕开了水溶胶布，简单包扎了一下。

　　天渐渐亮了起来，隐约能看得到沙漠，似乎还有行走的驼人。昨天晚上的恐怖经历还历历在目，此时陆地和人群的吸引力自然是无比巨大的。放弃，不到30海里就是陆地。坚持，前面是3000海里的汪洋。放弃比坚持来得容易太多，面对死亡的震撼教育，相比对生的渴望，一切似乎都可以变得那么微不足道。

　　然而，他好像从来都是个异类。在过往所有的人生抉择面前，他说自己从没想过退却。不是什么坚强勇往，仅仅是因为他知道自己没有退路，一转身可能就是悬崖万丈。

　　如果他在困难面前退却一次，没有谁会就此责难他。只是在漫长的余生里，他自己将无法接纳那个懦弱的自己。不能跟自己相容的未来，是不能想象的可怖和无望。跟这比起来，眼前的一切都变得没那么难以接受了。

　　其实环中国海时他也曾在台湾海峡落水，虽然也是晚上，但至少靠近军港，不久就有人发现了他。而这一次，茫茫大西洋，漆黑的夜，所有港口都已经禁航，尽管有一同参赛的伙伴们，6.5米的小船在海上实在也是沧海一粟，被营救的可能性微乎其微。假若身上没有系上安全带，他已经不可能有机会跟我讲述这段故事。

　　我问他你回到船上之后害怕吗？他说，"怕，怎么可能不怕呢？但这也是最好的教育。从第一天开始，安全对我来说是实打实地有百分之百的意义的。"

　　"每天无论做什么我都会系好安全带，把应急物品随身带好，安全检查一次不落，一处处地仔细查看。"所以到港时，当其他船长们谈起坏了这儿坏了那儿，京坤总是憨憨地笑着说，"我的船啥也没坏。"

　　关于航海，徐京坤有自己的看法。他一直认为是造物主担心人类过快地进步和发展，会发现他们的秘密，所以给人类基因里植入了很多限制和弱点。而航海的目的，大约就是去发现并学会克服这些限制和弱点，其过程之艰辛自不待言。

　　所以航海必须是真心话。只有真的全心热爱，才能不辞辛苦，独自跨越大洋，穿过无边黑夜，来到彼岸。但航海绝对不是大冒险，可以有备无患，却不能无知无畏。

第三十八章　不可救援区的航行

　　船上没有任何网络和通信设备，唯一一条可能获得气象消息的途径是一部短波无线收音机。组委会每天世界时10点钟，会通过摩洛哥的一个电台发布一次气象预报，先法语后英语。

赛前我们曾经听过去年比赛时一位船长录下来的播报，在那样的杂音里，只能艰难地辨别出几个单词，根本无法获取有效信息。法国船长们也是一脸懵，说尽管是他们的母语，他们也听不懂。

组委会说，实际上大约只有不超过10个选手可能幸运地收听到这个频道，这其中能有效获取信息的人大约只有一半。第一赛段徐京坤从始至终没有收到过任何讯息。为了第二赛段比赛，特意从德国买了最棒的信号过滤器，还添加了外部天线，可收到的仍然只有扭曲的电波杂音。

这就是坚守传统的法国人，明知道大部分人收不到，仍然坚持了几十年用这种方法发出气象讯息，不允许使用任何现代导航、通信设备，只通过纸质海图、天文导航和最小的赛船来完成跨大西洋之旅，回归航海的本质，追求没有现代科技介入的原始航海。

关于气象信息，船长们各有各的神通。大部分跑过两届甚至三届的选手，对大西洋的信风本已熟识。有冠军相的几位舍得花钱的种子选手，请了知名的气象专家为他们设计路线。还有一些选手购买了气象软件的付费版本，用电脑分析路线。像我们这样有语言和预算双重障碍的，就只能自己研究了。

11月3日，出发的第三天，抵达北纬21度，距离佛得角大约300海里。右胳膊的伤口有些感染，坏死的细胞渗出了不少组织液。他在日记里写到，"我可不希望这件事情继续恶化……还好这几天从撒哈拉吹来的干燥信风不是很潮湿，否则一定状况会更坏。爬到舱里找出药箱，用嘴巴给伤口做了消毒处理，希望尽快好起来。"

前四天的航行，风实在太大，自动舵根本没办法面对这样的风力。人离不开船舵，只要一松手，船立刻偏移。于徐京坤而言，换帆成了一件艰难的事。而大西洋中央诡异的阵风，上一秒还不到十节，忽然一片云，立刻攀升到二十几节，只能赶紧换帆。刚换好，风又骤降到五六节。如此往复，有时折腾得人只能干生气。

后来的航行渐渐开始趋于稳定，每天都要重复几乎同样的工作。要管理好船上的所有设备，按时检查舱内的积水和电子设备的状态，还有就是不断换帆。

区别于休闲航行，极限跨洋比赛中，船帆永远要保持最大的受风面积。只要风力减弱就要更换更大的船帆，永远游移在临界点的边缘。徐京坤说，"我感觉这个临界点有点像独木桥，又细又窄。风力一旦突然增加5节以上，不及时应对就会全面失控，带来各种损坏。人也是一样，休息严重不足的时候，大脑也开始罢工，只能给自己准备好一些简单的计划指令，不需要思考地去执行。或者天气好的时候，奖励自己半小时的睡眠。"

　　航行和生活一样，偶尔也会有惊喜拜访。"比如飞鱼，顾名思义就是一种会飞的鱼。后来我研究过这种鱼，它们特别有趣，有趋光性，每到夜里就会有几条飞鱼寻着船上幽幽的灯光来访。有时飞得太快会着陆不稳，见过最惨的一条，一头撞在甲板上，眼球都飞出去了。"

　　"不过大部分都能活下去。怕它们渴死，所以晚上我就多了一份工作，把飞上来的鱼扔回海里。可即使这样，每天早上也总会有几条漏网之鱼被晒成鱼干。那段日子飞鱼成了记忆中不得不提的一部分乐趣。其实有时特别担心它们会飞得太快插伤我的后背，幸好那段时间我比较黑。"

　　"2015年11月9号9点9分，我和梦想号已经在大西洋上航行第十天了，正处于大西洋的最深处，这里距离大陆最近的点也要1500海里以上。依旧是一个人，也从没收到过任何外界信息。除了偶尔和风吵两句嘴外，最大的乐趣也就是和飞鱼、海豚聊聊天。"

　　徐京坤已经在不可救援区航行五六天了。赛前法国警卫队关于失事救援是这样说的：如果你带着个人示位标，在离岸150海里以内出事，我们会在4到6个小时内找到你。如果你在离岸150到1000海里出事，我们会在三天内找到你。如果你在离岸1000海里以上出事，对不起，我们的任何交通工具都无法到达，你只能寄希望于遇见另外一条船救你，这个概率非常小。

　　通常在这个海域，只有商船货轮。如果你幸运地遇见了，货轮的船长并不会愿意救你，因为一般他们的救援船都是摆设，用不了，而且可能会在救援过程中给他的船和船员带来危险。

　　如果你又更加幸运地遇见一个善良的船长愿意救你，那么请记住，数据显示大部分人都会在试图爬上货轮的过程中受伤甚至死亡，有时候留在你的救生筏上也许是明智之选。

　　有船长询问如果在这个区域出事了该怎么办，警卫队员认真地说，想办法把你自己弄回1000海里以内。幸好从进入信风带后，529每天都保持着稳定的前行轨迹，让我不至于太担心。

　　在经历过第一赛段中秋节的满月后，第二赛段几乎整整20天的时间里，夜晚一直是黑得伸手不见五指。徐京坤说他偶尔会拿出雷松赞助的手持红外线热成像夜视仪观察一下海面，这应该是船上最现代化的设备了，可呈现出来的也只是低温的海平面，甚是恐怖。

　　"如果有人问我什么是极限航行，我只想说警报声，各种各样突如其来的、让人发疯的警报声。每到夜里，各种电子设备和感应器的报警，刺耳的警报和闹钟，真会把人吓出病来。在海上的时候，常常觉得自己一定是疯了，才会来参加这疯狂的比赛。"

出发前吸取了第一赛段的经验，他提前下载了很多音频，有单田芳的评书，也有郭德纲的相声，还有邓丽君的专辑。天气好的时候，就来上一段，既能排解寂寞，有时候也会逗得他在海上放声大笑。

他说，听《岳飞传》和《水浒传》，最喜欢前半段，英雄揭竿起义，大碗酒大口肉好不快活。也最受不得下半段，遭奸臣迫害流离失所，英雄无用武之地。听《水浒传》的时候最烦武松和鲁达，一到酒馆就喊："店家，好酒好肉尽管上，怎么解馋怎么来。"每到这时候就搞得他直咽口水，肚子也忍不住叫。

在海上，吃饭是唯一的休息和娱乐。赛前特意从国内预订了户外脱水米饭，每天午餐泡面、晚餐米饭，满足对家乡口味的依赖。京坤还带了两罐啤酒用于在最难熬的时刻犒赏一下自己，伴着海风，用俄罗斯船长送他的鱼子酱下酒，孤独好像也被暂时治愈了。

"此刻就在这茫茫的大西洋上，有60多条MINI赛船，可谁也不知道谁在哪。我不知道我后面有多少船，也不知道前面是谁，距离我有多远。面对这种情况，之前计划的所有战术都丧失了意义。所以最后与其说是与他人的比赛，倒不如说是与自己的较量，如何克服自己的孤独、恐惧、疲劳、惰性……"

日月星辰为你掌灯，伴读大海这卷无垠的书卷。一尾小舟于鲸波怒浪中探索新地。一个人跨越一片汪洋，是一次挑战、一个梦想，又何尝不是一种教育、一次成长呢？从布列塔尼到加勒比海，大西洋的两端，同样一条小船，船上的人却已然不同。

成长比任何成功的幸福感都强，因为成功是跟已知的别人比，成长是跟未知的自己比。当有一天，回头去看，曾经那些不可能，在你流着汗、流着泪、流着血的勇敢里，终于悄悄变成了可能，这就是你千金不换的成长。

第三十九章　没有输的资格

"11月12日，我和梦想号已经在稳定的信风帮助下抵达北纬18度。这几日的航行也算是顺风顺水，没出过什么太大的问题，所以反而略显枯燥。周围除了看到几条飞鱼依然是死一般的寂静，没有任何信息。"

"电台静静的，连一条过往的船只也没有。小音响里单田芳评书《杨家将》已经讲到几百集了，被宋英宗那昏君气得忍不住骂几句，但回头又嘲笑起自己来，这种历史演义又有多少是真的呢？人们其实只相信自己认为的事实而已。"

相比第一赛段的疾风劲雨，第二赛段的后半段来得单调许多，大部分时间是在跟自己作战。你已经没有放弃这个选项了，因为上千海里内没有任何陆地，后退的路比前进还要遥远。无论如何，你只能继续往终点航行，别无选择。

瓜德罗普，位于加勒比海小安的列斯群岛的中部，像是一只巨大的蝴蝶，飞舞在大西洋与加勒比海之间。小岛的两样特产都与航海有着密切关系，一个是水手们认为会带来厄运的香蕉，一个是被认为是水手之心的朗姆酒，装在手绘瓶子里的各种口味的潘趣也是岛上有名的纪念品，更是迎接船长们到港的最好礼物。

已经到港的船长们，沉醉在潘趣的酒香里。完成了那般无与伦比的奇妙航程的他们，值得拥有这样的夜晚。放肆欢笑的派对时间，同时也是与家人相聚的家庭时间。

Sylvain还有7海里到港，但船速只有一节多。他妻子带着两个才两三岁的孩子在等，孩子们困得睡眼婆娑，真希望风再大一点儿，快把在海上奋战了近三周的船长们送到港。

音乐渐浓，酒香渐醉，大家见到徐京坤都会振臂欢呼"Xu，Xu"。在等待船长到港的几个小时里，得以回忆跟整理这一路走来的种种。

2014年12月4日，第一次飞往巴黎，他写道：用我的激情铸就新的梦想，巴黎，我们来了。那时MINI TRANSAT组委会是否允许他参赛，尚且不知，梦想在心里，却也在天边。

直到8日在巴黎船展，得到确切答复，一切要求与其他参赛选手一致，只要Xu有能力拿到参赛资格，他就可以踏上征程。那么多证照、赛程、航行要求，时间只有6个月了，想要参加2015年的MINI TRANSAT对他而言，只是妄谈。

2015年2月16日再次奔赴法国，春节在拉罗谢尔，本以为寻到的梦想号却因证件不全再生变故。海上生存和紧急救援的课程刚上完，又开始全英文授课的无线电课程。赛季就要开始，船尚未确定，该有的证书也还没考完，梦想面前的艰难险阻何止一星半点，前路漫漫，希望渺茫。

3月15日终于试航了一条感觉尚可的二手船；24日签约拿船；28日检查中发现撑臂断裂，正值复活节假期，直到4月3日才修好；接着洛里昂又风雨交加了一周；8日比赛集结。不过训练了三日，就开始征战第一场比赛。

4月8日到13日，洛里昂BSM 150海里双人赛；4月14日到25日，波尔尼谢精选300海里单人赛；4月26日航行到滨海拉特里尼泰；4月27日至5月12日，五月迷你500海里单人赛；5月14日爱尔兰1000海里资格航程；24日深夜到港杜瓦讷内，修两天船，马上参加5月28日到6月8日MAPs 200海里单人赛。至此密集的资格赛行程，总算无一失误地拿满了积分。

6月9日到12日RYA Yacht Master在线课程；13日到22日Yacht Master海上实践及考试，一步就跨过了近岸级别，拿到了离岸级别；23日整理船只；24日参加洛里昂康复中心分享会；6月25日到7月15日回国，培训了三期学员，20天全部在海上航行。

7月16日回到法国，直到9月5日从洛里昂航行至杜瓦讷内，一个半月的时间，每天早起晚睡，修理检查，清洗粉刷，永远有干不完的活，一刻都不会停。期间还考了个RYA的Yacht Master的商业认证，从此可以在全球范围从事不限长度的大船船长工作了。

9月6日到10月15日，MINI TRANSAT第一赛段；10月22日到11月26日，MINI TRANSAT第二赛段。其实就在他到港之后，刚刚实现了这为之努力了一年的梦想，还未及庆祝或体味那喜悦，27日到12月3日，就又开始了不眠不休的RYA跨洋级Yacht Master的在线理论知识学习和考试。考完试的那个凌晨，登上飞机，飞往巴黎，参加船展上MINI TRANSAT颁奖仪式。

回顾这个历程，作为切近的见证者，我深知其中的残酷与压力。任何一场比赛拿不到积分，或者任何一次船有了大的损坏，整个赛季也就结束了。而那艘老旧的小船帆，并不能承受太大的压力，所以他要拼，或者不拼，这里的为难，大约只有他自己知道。

手套磨坏了几付，航海服已经是第三套，从环中国海就开始陪伴他的靴子也磨得完全不防滑了，四个半月的时间被当成了两年、三年在用。然而无论如何，几个小时后，他就可以微笑着冲过终点，对自己说，CHINA DERAM，我做到了。

第二赛段虽然风浪不像第一赛段那么恐怖，但那20多天的每一个夜晚，都是没有月亮也没有星星的暗夜。无边无际的黑暗里，除了你自己，什么都没有，无所倚仗。你不知道自己在哪里，也不知道别人在哪里，只有夜里那黑漆漆的乌云，魔鬼似地追着你。你不知道那背后到底藏着多大的风雨，你能做的，只有不断检查船只，做好准备，去面对那未知的恐惧。

后来徐京坤告诉我，从出发一直到到港，用于接收天气广播的收音机从未收到过任何信号。他也看不到任何的船只，连一条货轮也见不到。唯一能让他相信自己还在文明世界的事就是，某一天刮上了两道渔网。

船上无线电台永远是鸦雀无声，有时候甚至怀疑它是不是坏了，忍不住去检查一下，可也检查不出任何毛病。关掉静躁开关，还是会发出嘶嘶的电波杂音，可就是收不到任何一丝外界的信息。

走过那些孤单和恐惧的暗夜，万水千山成了一个具象的词汇。绕过大半个地球，几万里的路途，终于在这个夜晚到达彼岸。

当你不在乎失败后，你就开始成功了。作为运动员，血管里奔腾着不低头不服输的血液，对冠军和胜利的向往是天生的，可是其实有些人他们是没有失败的底气的。

在高水平离岸帆船赛里，优秀的选手永远游走在崩溃边缘。30节大风坚持着不换帆，有可能球帆爆了，桅杆折了，甚至船都沉了，但是也有可能比别人快0.1节。没有越过那条危险的红线，你就是冠军。一旦越过了，就可能连比赛都无法完成。

那些输得起的船长们，参加两次、三次，甚至四次MINI TRANSAT。今年不行，两年之后再来。两年之后不行，四年之后再来。反正他们有这个底气去拼，去输，去失败，因为还有下一次的机会在等待。

但徐京坤不同，倾其所有找到一条船，千辛万苦地让几个赞助商愿意去赌一次——这个一只手的中国人也有能力一个人不间断跨越大西洋。他其实从来都只有这一次机会，如果无法完成比赛，他不敢想象下一次什么时候会再有机会，或者说还会不会有下一次机会；他不敢想象如何再让自己相信自己，如何让别人愿意再赌一局。

所以从资格赛开始，他就必须小心翼翼地寻找平衡。不拼，跑不进前列，拿不到积分，参加不了决赛；拼了，跑得太狠，伤了船，万一完不了赛，也拿不到积分，参加决赛的梦想也会破灭。

他不是怕输，而是没有输的资格。别的船长输一次不代表失败，那是成功路上的一小段曲折，路还没走完，前面还有一段又一段可以再走。

而他，这一次机会是孤注一掷换来的。赢了，才有筹码去做下一个梦。输了，就一无所有，这梦想将不得不以失败告终，这辈子他都可能再也没机会踏进极限航海的赛场，眼前没有路，只有悬崖万丈。

拥有机会的人才敢输，不怕的人眼前才有路。

"我想去跑一场敢把桅杆跑断的比赛"，他说，"等以后老了，退役前的最后一场比赛，我一定要放手一搏，去酣畅淋漓地比一场。不用再提心吊胆地不敢拼，撒了欢儿地去跑，完不了赛也没关系。"

在完成第一次双体帆船环球之后，他开始准备参加更极限的环球比赛。很难找到赞助支持，他还是倾其所有地用自己的全部积蓄去找到一条旧船，站在起航线上。

跟以往一样，他仍旧没有输的资格。中国人第一次作为船长站在国际环球赛事的赛场上，他不能输，必须完成比赛，必须不能出任何意外地完成比赛。

这输不起，不仅是为了他自己的输不起，更是为了中国航海的输不起。如果他为了自己的一时畅快而带来什么险况，这不是个人得失的问题，而是让刚刚在国际离岸赛场起步的中国航海原本已经泥泞不堪的前路更加艰辛。未来其他的中国选手想要去挑战、去创造，他们将要面对的阻力将会更大。

他不是榜样，但想要做一个范本，给后来的人开一扇门，让中国的、亚洲的水手们知道，原来我们也可以航行得这么远。

他说，希望有一天，我也能够拥有输的资格，以及失败的底气。

第四十章　彼岸，也是此岸

和组委会副主席出海去接他，远远地，轻声唤他，他好像早就知道我一定会来，并不惊讶似的。

终于冲过终点，我登上529，看着他站在船头，拉开了一个焰火，那光映红了他的脸，映红了帆上的CHINA DREAM。他抚摸着529的桅杆，用低沉嘶哑的声音轻声嘟囔着，"老伙计，咱们到了，我们做到了。"

缓缓地被拖进码头，岸上的船长们开始齐声高呼，"CHINA DREAM! CHINA DREAM!"他似乎也被感染了，笑容慢慢绽放开来，朝大家奋力挥舞着左臂。

船一靠港，他一步就跳到了岸边，登上了这片距离布列塔尼起航线4000多海里的陆地。大伙儿围过来送上鲜花、水果，一个个同他拥抱。不知谁递给他满满一杯透明液体，他以为是冰水，咕噜咕噜一饮而尽，这才发现竟然是瓜德罗普最有名的朗姆酒，辣得他直哈气。

Mathieu过来接下了徐京坤手里的杯子，一边摘他的头灯和身上的救生衣，一边悄声跟他说，"Xu，你送我的中国面好辣，不过很好吃。"他笑着应和，全然不知他们在密谋什么，顺从地任由摆布。我知道接下来要上演的庆祝仪式，便默默往后退，准备好记录这一刻。

几个船长一拥而上，还来不及反应，徐京坤就被推着一起跳进了海里。看着他在水中，振臂喊出，"我做到了！我做到了！"那呐喊好像是从海底爆发出来的火山岩浆，藏在冰冷平静的海面之下太久，却仍然如此炽烈和汹涌。

这一路的艰辛，他留下的血和汗好像电影一般掠过脑海。终于走到了这一天，他成为人类历史上第一个一只手驾驶着6.5米小船不间断跨越大西洋的人类。没有别人以为的巨大荣誉和高昂奖金，只有一瓶写着他名字的朗姆酒和一盒小小的鱼肉罐头。可是那欣喜仿佛得到了整个世界，这个夜晚的这一刻毫无疑问是属于他的。

如果回到一年前，一个来自中国只有25岁的独臂水手，对你说我要用一艘6.5米，舱内面积2平方米比一辆小轿车还小，重量800公斤比一头牛还轻的船，去横跨大西洋，而且准备期只有半年，你会不会也笑他痴人说梦？而这个妄谈在今晚就这样变成了现实。

随着来自俄罗斯的Yury船长顺利到港，这一届的MINI TRANSAT完满落幕。尽管有17条船因为各种原因没能到达终点，剩下的船几乎也都带着各式各样的伤，但至少参加比赛的船长都安全地回归陆地。

一个人，一只手，一艘11岁的老船，和几面用了5年的旧帆，从法国到加纳利，再到中南美洲的瓜德罗普；从年初200多条船备赛，到74人拿到席位，再到64条船安全到达第一站，63条船起航第二赛段，只有57条船顺利到达终点，所有人都曾为梦想竭尽全力。

2015年12月4日回到巴黎，参加船展上的颁奖仪式。一年前的同一天，京坤第一次来到这里，被许可拥有和健全人一样的参与竞争的权利，一扇通往梦想的小窗被打开。一年后的这一天，梦想成了现实，从原点回到原点，就好似从一个起航到了下一个起航。

参加完颁奖仪式，我们特意回到洛里昂，去跟529道别。这个已经上了岁数的伙伴，当初徐京坤在万般无奈的情况下选择了它，对它还多少有些嫌弃。然而这一年它陪船长航行了一万多海里，每一次都带他平安靠岸。如今一别，也不知能不能再见。

"我亲爱的529，很幸运在我的一生中能拥有你这样一条船。你就像一个一直陪伴我的伙伴一样，见证我的一切。然而我们即将分别，你将会辅佐下一任船长去挑战风浪。你注定是一名坚强的战士，就像我们一起在跨大西洋的途中你以零故障到达终点一样。"

"我相信你，我想你会成长为更强大的赛船，我们将会一起完成更多的梦想，在不久的将来。说句实在话，心里很伤感，不知该如何形容。不管怎样，我的好伙伴，一定要平安。如果有一天没有人再需要你跨洋了，我一定把你带回家，放在院子里，给孩子们做书屋，一定会很温暖。珍重！"

徐京坤爬上529，仔仔细细地把船又擦了一遍，所有的东西都打开看看，边看边回忆，回忆完了再一一合上，放回它该放的位置，在船舱里待了几个小时。天渐渐暗了，布列塔尼的冬日好像又回到了我们第一次住在船上的那一夜一样冰冷，乌云低低地压在潜艇基地灰黑色的水泥屋顶上，好像瞬间就要大雨倾城。

我唤着他该走了，他才下来，摸摸船头，又抱抱龙骨，像拥抱一位即将分别的老朋友。最后他亲了亲529，又低声同它私语了几句，才依依不舍地离开。我知道他有多舍不得，529是他一起跨越汪洋的生死相依。但529是一条赛船，回到赛场才是它最好的宿命。徐京坤也必将拥有新的梦想号，去践行下一个梦想。

生活不是电影，不是走到终点，就可以定格在你得偿所愿的笑脸上，出现"全剧终"几个字。生活有许多的后来，一个梦想的彼岸，在到港后发现，彼岸成了此岸，远方之后还有远方，新的梦想已然在召唤。

于徐京坤而言，一个梦想的实现，并没有那般轰轰烈烈的仪式和硕大的欢喜，不过如平常岁月一般，隐入生活的细枝末节。即便跨越了汪洋，第二日还是要打开书本，继续学点新的课程，一切如常。

不同的是，那个梦想变现的记忆，如同一笔丰厚的储蓄，存进了他的人生银行。在之后的岁月里，面对下一个梦想，面对接近梦想时的艰难险阻和许多别人口中的"不可能"的时候，那份储蓄，便一点点被支取，帮他坚定地走过荆棘险滩，相信自己也拥有做梦的权利和实现梦想的能力。

他们说这世间最悲哀的事，莫过于一个卑微的人，有了一个伟大的梦想，于是陷在现实与理想的泥淖中挣扎痛苦。而我想起《海贼王》，它也不过是讲述了一个人20多年还没有成功实现梦想的故事。可它依然鼓舞着我们，因为从来没有放弃过努力。

帕乌斯托夫斯基曾写下这样一个故事：渔村附近有块露出海面的巨大砾石。渔民们就在这块砾石上刻下这样一行字：纪念所有葬身大海和将要葬身大海的人。

这段铭文有人觉得忧伤，有人觉得豪迈，而我觉得十分励志。面对似乎必将失败的抗争时，尽管大海的波涛从不停息，但人类的探险也永不止步。就像西西弗斯，尽管巨石要滚落山脚，但西西弗斯从未放弃，总是会再一次把巨石推到山顶。

终点没有意义，到达终点的路上，才能遇见最美的风景。如果一个人一辈子，从不为任何事去尝试，去努力，去冒险，或许他永远都不会失败，他甚至没有资格遭遇失败。可是他也不会如你一般，哭过，笑过，爱过，恨过，得到过，失去过，做过梦，也为那梦想竭尽全力过。茫茫人海，你拼尽全力活出了一个最好的自己。

　　有人把命运交给命运，也有人把命运紧握手中，跟生活死磕。他说，"生活没有给我一个选择它的机会，我只好给生活一个选择我的机会。"年少时愿为梦想高尚地死亡，长大后你终于学会了为梦想卑微地活着。

　　走远路，看许多风景。即使彼岸茫茫，回首时，你也必然是微笑的"卑微的梦想家"。

船长大事记

1989年，出生于山东青岛平度市。

2001年，12岁，因为一场意外失去左前臂。

2004年，进入山东省残疾人田径队。

2005年，进入中国国家残疾人帆船队。

2008年，北京奥运会青岛分会场的开幕旗手，国家残疾人帆船队队员。

2008年，国家队解散，转战大帆船项目，曾斩获多项国内赛事冠亚军。

2012年，代表青岛帆协队参加国际帆联A级赛事CCOR国际城市俱乐部杯帆船挑战赛，获得场地赛和长途拉力赛的双料冠军。

2013年，第一条梦想号，用一条长不到8米、25年船龄、龙骨都断过的近岸巡航帆船J24，从青岛到丹东，从丹东到西沙，创造了单人独臂环中国海的世界纪录，也是世界上最完整的一次环中国海航行。

2014—2015年，代表中国参加MINI TRANSAT 650级别单人横渡大西洋极限帆船赛，进入职业航海领域。作为世界上难度系数最高的单人航海极限挑战赛之一，比赛全程禁止使用任何机械动力，卫星电话等通信设备，以及航海电脑等现代航海科技装备。自1977年开始，已经举办20届，来自全球33个国家、896名世界顶级职业选手曾参与其中。徐京坤是历史上唯一一位独臂选手，创造了MINI TRANSAT 650级别单人独臂跨大西洋的世界纪录。

2017年，德国基尔帆船世锦赛获得第四名，刷新了中国残疾人国家帆船队的世锦赛记录。

2017年，驾驶第三条梦想号开始了中国人第一次双体帆船环球挑战。历时三年，手动驾驶8000多个小时、3.4万海里。

2020年6月4日到港葡萄牙亚速尔群岛，成为人类历史上第一位实现帆船环球的独臂船长，同时也是世界上航行最远的独臂船长。

目前，正在筹备第四条梦想号，计划挑战世界航海巅峰赛事——旺代单人不间断环球赛。这个比赛比登天还难，全世界曾有600多人登上太空，而完成旺代的人不过60多人。从没有亚洲人，也没有独臂选手完成过这项赛事。把中国人的名字写进世界极限航海的殿堂，是他的毕生理想。

作者后记：愿你历尽千帆，归来不是少年

亲爱的读者朋友：

你好！如果我也是有读者的人，如果你也是把我当成了朋友，那么请允许我用一封书信，来同你聊聊这本小书。

此刻我身处大西洋中央的亚速尔群岛，写下这些文字时正是夕阳时分，漫天乌云沉沉压着，好似要把这绿森森的小岛全然包裹起来，晚霞却仍旧坚强地在云团与天际线的小小缝隙里，射出夺人的金光。

尽管大海常常波如连山，鲜有惜惜柔顺的面貌，也阻不住又一艘船出海的脚步。窗外一声汽笛长鸣，如同拉开了一场话剧的幕布。海鸥应声翻飞嘶鸣，欢腾如浪涌，不知今夜月亮会不会因这热闹而不愿来寻那等她的灯塔

三年前，写完了这本十万字的小书，并非什么鸿篇巨著，甚至并非关心人类与地球这般宏大的命题，只是用琐碎的文字记录了一个少年的成长。

这是一个在村人眼里被烙上"废了"的印戳，失去了左手的山里少年，他却做起了跨越汪洋、环球航海这般妄人的痴梦。

可是后来，一步一步地，他竟然就那样一直拼命地奔跑，跑出了大山，跑进了国家队，跑过了大西洋，如今又一尾小船，真真切切地绕着地球跑了一整圈，把那妄人痴梦化成了真实人生。

地球上第一个帆船环球的独臂船长，这样的名头似乎值得在报端或是街末用一包瓜子下酒来讲讲个中颠沛，以及那些有惊无险和美梦成真。

然而这本书并不是一本英雄颂歌或是成功学专著，感谢船长，他并没有要求我刻意美化和矫饰生活，而是试图展示他的全部迷茫、恐惧和坚强。

关于他，印象最深的是写在个人简介里的一句话，他说，"我只是想告诉普通

人，即使是我，也有梦想，我能做得到，他们会比我做得更好；也希望和我们一样有缺失的人知道，即使是我们，也有拥有梦想的权利和实现梦想的能力。"

就是这句话打动我，觉得该记录下他的梦想故事以供阅读，或许在我们琐碎生活的罅隙中，依然埋藏着些许微弱的梦想之光。如果有幸能在这本小书的阅读里，让你窥见一点为梦想拼命的自己的影子，便是书写者的荣光了。

就像当初的《远方的无忧国》一般，去过一些城，却并无什么特别值得一提的常人不可见的艰难美景，实在踌躇可有结集成册的必要。后来编辑说写写你从迷茫到不迷茫的过程吧，也许这青春里的迷茫是我们的共性，或许读者能从你的文字里寻见自己的不迷茫之路。

那么这一次写下这个梦想者的故事，是希望能给后青春时代，或许已然不是年少时的原初迷茫，而是在生活和梦想间左右为难、渐渐初老的我们一点助力，一声加油，一句肯定，一些你为了梦想而疲惫时送上的鼓励与问候。

迷茫有什么关系？月亮也在大海的某处迷茫着。只有那些不抬头四望寻找出路的人不迷茫，因为他们没有给自己机会迷茫。

虽然眼前有汪洋浩渺，可你也有来日方长，如若十年前未曾种树，现在便是最好的日子去荒野植一株苗，在未来回望，你便能从森林里知晓答案，在最好的年华里干了最当干的一桩事。

艰难有什么关系？没有谁的梦想是不艰难的，轻而易举的那些，哪里称得上是梦想？

在不可能的绝境里闯出一条可能的新路的人并非就比别人多了两只手一条腿，不过是被逼无奈。人只有到了这个地步，才会有办法。尚有一丝余地时，不是没想到办法，而是想到了也不知道该不该放手一搏。

从来没有什么与生俱来的坚强勇往，不过是除了坚强，你别无选择。就像徐京坤说的："真正的勇者或许不是不害怕，而是明明害怕得双腿打颤，还要坚持着继续前行。"我们谁不是从学会害怕开始学会勇敢的呢。

有多勇敢取决于你有多热爱，寻见所爱，每个人都可以是勇者。

害怕是勇敢的机会，失败是成功的机会，失去是得到的机会。不被看好、被打压，是奋起直追的机会。生活总是以减法的方式来给我们做加法的机会，这样想想，好像便觉得这世界也没有什么不公平的了。

徐京坤说，生活没有给我选择它的机会，我只好给它一个选择我的机会。

环中国海于他而言，最大的意义大约便是在那么年轻的时候，给了自己一个坚守住梦想的经验。从此以后，让他更有勇气和底气梦下去。他的生活自此打开了一扇大门，任何天马行空的想象都不再被自己斥责和禁止。"可能性"是多么美好的一个词。

从前，我总是跟人形容，单人不间断跨大西洋的航程，相当于一只小蚂蚁乘着一片柳叶，绕着故宫护城河跑20圈，绕着西湖跑6圈。可是没有真正成为那只蚂蚁，便永远无法真切体会到那般心情。

这次环球，终于有机会体验真正的跨洋航行。十几二十天，甚至一个多月看不见陆地的远航，遇见暴雨、阵风、幽灵船，遇见伸手不见五指的黑夜，遇见一个人值班的孤寂和恐惧，让我似乎比从前更切近地触摸到一点点他当年的那些情绪。

然而单人跨洋和团队跨洋仍然是截然不同的两个世界。一个人在一个月的时间里，保持每次睡眠不超过20分钟，每天不超过三四个小时，并且要清醒地进行调帆、换帆、转向、监控天气路线等动作和决策，不知道我粗浅的文字能否向你如实展现出那条小船上的个中曲折。

庄老写过一本《那些有伤的年轻人》，大抵观点是有些硬伤是人类与生俱来的，我颇以为然。人说到底是物质存在，容易损伤，不容易修复。

从外表上看，徐京坤大约是你觉得最有资格谈伤痕的人类。某一次遇见一群孩子指着他的左手大吼大叫"那个人没有左手……"，我有些担心地去看他的表情，结果他笑着逗那群孩子，"被鲨鱼咬掉的，你们不听话，也会被鲨鱼咬的"，孩子们嬉闹着说他是骗子，然后散开去了。

如一位记者朋友说的，他身上没有残缺气。所谓残缺气大约就是伤痕吧，那些过往岁月里暗藏的伤害，都被悄悄然地化掉了。或许果真如他所言，大海给了他最温柔的治愈，每一次到港都好像一次重生，于是他变成了一个老灵魂的孩子，或者说是一个孩子气的老灵魂。

其实生命中最难的阶段从来不是没有人懂你，而是你不懂你自己。当你知道了自己想要的生活与梦想，连汪洋之上都会铺开一条"伟大航路"。

写帆船专栏的时候，曾经采访过不少航海人，问他们为什么航海，答案不一。总结起来有两类，一类享受休闲舒适美景怡人；一类享受惊涛骇浪冒险挑战。而徐京坤给我的答案是，"为了回家。"总有人问他一个人跨越汪洋的时候在想什么，他答，彼岸。

一座大山，一片大海，一条小船，一段绵延如溪的岁月记忆，一首或许无人应和的高歌，一个执着做梦的人类，他的人生犹如一卷被顽童调皮拉扯的磁带，毫无防备地摊卷于我的面前。

我大约再不会有勇气用如此漫长的文字记录另一个人的人生，就如我大约再也不会有勇气随一个人漂洋过海，环绕地球。

所以这本书，某种意义成了一种纪念吧。

许多朋友问我，书名为何叫《卑微的梦想家》，梦想从不卑微啊。

私以为做梦的人都是卑微的，梦想可不是轻轻踮起脚尖就够得到的苹果树，不经过踉跄沧海、褴褛丛山，百千万般吃苦的修行，哪里追得上梦想的脚步？所以逐梦的人是卑微而不自由的，只因那强烈的心之所向，他们并无许多任性的可能。

穿过山海岁月，生活从不寂静，历尽千帆，归来的却早已不是那个在跑道上流着血、吞着泪的孤单少年。大海给你治愈，也给你力量；让你有软肋，也让你有盔甲；教你胸怀沟壑，也教你山河立马。

你不再是那个赖在青春里不肯长大的孩童。少年时你或许愿意为梦想高尚地死亡，而如今你学会为了梦想卑微地活着。让过去过去，让未来过来，这就是你千金不换的成长。

这本小书，寥寥万言，我频繁记录，只因值得，请你阅读。也只为轻轻地对你说一句，他可以，你更可以，梦想从不辜负任何人。

感谢给我遇见世界的勇气的爸爸妈妈！

感谢愿意毫无保留地跟我分享过去的船长先生！

感谢此刻在阅读这些文字的你，谢谢你陪我一起完成这场"合谋"，给文字以温度！

不想祝福你一帆风顺、万事胜意，因为那样的人生祈愿不但不切实际，还将十分无聊。

只愿你乘风破浪、功不唐捐，因为风浪背后的世界一定会有你想遇见的最美风景。

咱们下本书，再叙。

阿九

2021 年 4 月